JN307869

女ことばと日本語

村桃子

Momoko Nakamura

岩波新書
1382

はじめに

「日本語には、なぜ女ことばがあるのか。」

これが、本書が明らかにしようとする問いです。「そんなことは分かっている」という方もいるかもしれません。日本語に女ことばがあるのは、日本女性が女ことばを話してきたからだ、とも言われるからです。

けれども、私たちが実際に言葉を使うときには、女性でも男性でも、時と場合に応じてさまざまな言葉を使い分けています。女性でも、いつでも「あたし、お腹すいたわ」のような「女ことば」を話しているわけではありませんし、男性でも、いつも「おれ、腹へったぞ」のような「男ことば」を話しているとは限りません。では、さまざまに異なる女性の言葉づかいが、どのようにして「女ことば」としてまとめられていったのでしょうか。

このほかにも、女ことばに関しては、分からないことが多いようです。たとえば、「女ことば」や「男ことば」という概念は、標準語に顕著に見られるもので、日本の多くの方言には男女の区別がないと言われます。だとしたら、なぜ標準語だけにこのような区別があるのでしょうか。

また、「女ことば」と「男ことば」には、いくつかの興味深い違いがあります。たとえば、女ことばは女性が普段使う言葉だとみなされているのに、男ことばは、男性でも特別なときにだけ使う言葉だと考えられています。さらに、女ことばは敬語と並んで日本語の特徴や伝統だと言われていますが、男ことばにはこのような意味づけは与えられていません。

一方で、女ことばには、「丁寧で、女らしい話し方」という意味もあり、女の子が乱暴な言葉づかいをすると「女の子なんだから、もっと丁寧な言葉を使いなさい」と言われます。男の子も「もっと丁寧な言葉を使いなさい」と注意されることはありますが、「男なんだから」丁寧な言葉を使えとは言われません。なぜ、女性だけが言葉づかいによって女らしさを表現することを期待されるのでしょうか。

本書は、鎌倉時代から第二次世界大戦後までの女ことばの歴史をたどることで、これらの問いに答えることを目指しています。つまり、日本語は、なぜ今あるような姿をしているのかを「説明」しようとしているのです。

その過程で、「日本語に女ことばがあるのは、日本女性が女ことばを話してきたからだ」と考えていたときには思いもよらなかったさまざまな日本語の姿を明らかにしていきます。「女ことば」から日本語を眺めると、目の前にまったく新しい日本語の地平が広がるのです。

そのために、本書では、各々の時代にことばについて述べている資料の中からたくさんの具体例を見ていきます。その中には、鎌倉時代から明治・大正時代の女性のための話し方のマナー本、江戸時代の笑話集や戯作、明治時代に現れた口語文典・国語読本や小説・漫画、戦中期の識者の論評や国語教科書、敗戦後の占領軍の政策や国語学者の意見などがあります。読者のみなさんには、これらの資料を通して、時代の臨場感を体験していただけると思います。

その過程で明らかになるのは、女ことばについて考えることは、日本語全体について考えることだということです。女ことばの歴史をたどるには、国語や標準語、方言、敬語、男ことばなど、日本語にかかわるさまざまな理念との関係を考慮することが必要になります。本書を読み進めて、「女ことば」という新しい入口から日本語の歴史をたどる旅に出発してください。

本書の構成

本書は、序章と、四部に分かれた八章から成っています。序章では、ことばの成り立ちを

「説明する」という本書の目的のために必要な、ことばに対する新しい考え方を提案しています。この考え方が本書全体の前提になりますので、みなさんには、序章から読んでいただくと理解がスムーズになると思います。

以下の章では、この新しい考え方から日本語を眺めると何が明らかになるのか、時代ごとに具体例を見ていきますので、章を追って読んでいただくのが一番分かりやすいでしょう。右に挙げた、女ことばに関するさまざまな問いは、各々の章で、もっとも分かりやすい例を扱ったときに取り上げています。

引用の際には旧かなづかいは現代かなづかいに、旧字体は新字体に改めた場合があります。原文のふりがなや傍点などを省いたり、また、原文にないふりがなを加えた箇所もあります。

なお、引用中の傍点は、特にことわりのない場合は、すべて引用者が付し、また〔　〕で注を加えました。

目次

はじめに

序章　女ことばという不思議

「日本語には、なぜ女ことばがあるのですか？」
「それは、女の人が女ことばを話してきたからでしょう。」
「では、女ことばとは、何ですか？」
「だから、女の人が話している言葉づかいですよ。」

日本では、女性は男性と違う言葉づかいをしてきたので、その言葉づかいが女ことばになったと考えられています。そして、女性が男性と違う言葉づかいをしてきたのは、女らしさが言葉づかいに表れるからだと言われます。つまり、長い間女性たちが女らしい言葉を使い続けたので、それが自然に女ことばになったと考えられているのです。

この考え方に従えば、日本語に女ことばがあるのは、女性が男性と違う言葉づかいをしてきたからだと説明され、それ以上の説明は必要なくなります。

けれども最近の研究は、女ことばがそれほど単純にできあがったのではないことを示しています。以下に、右に述べたような理解の問題点を大きく四つに分けて見ていきます。

女性の言葉づかいは千差万別

一つめの問題は、女性の言葉づかいはいつも同じではなく、時と場合に応じてさまざまに変化するという事実です。女性が実際に言葉を使っている様子を見てみると、会話の場面、聞き手との関係、会話の目的などに応じてさまざまに言葉を使い分けています。これは考えてみれば当たり前のことで、女性に限らず誰でも、時と場合によって違う言葉づかいをするし、年齢が上がれば話し方も変わります。いつも同じ話し方をするほうが難しいでしょう。

もし、私たちの言葉づかいがこれほど千差万別に変化するものならば、その多様な女性の言葉づかいが自然に「女ことば」というたったひとつのカテゴリーにまとまったとは考えられません。

このように述べると、「もちろん、今の女性は女らしい言葉など使わないが、昔の女性は今よりずっと女らしい言葉づかいをしていて、その昔の女性たちの言葉づかいが今の女ことばになったのです」と言う人がいます。本当でしょうか?

昔の女性たちが実際にどのような言葉づかいをしていたかはテープレコーダーがなかったの

で知ることができません。けれども、いつの時代にも、その時代に「女らしい」と考えられていた言葉づかいをしない女性がいたことは、いくつかの資料からも明らかです。

たとえば、『源氏物語』の帚木《ははきぎ》の巻には、若い男たちが、漢語を多く使う学者の娘の言葉づかいについて「どこにそんな女がいるものか。そんなくらいなら、神妙に鬼の女房とさしむかいでいた方がいいだろう」と恐ろしがる場面があります(今泉忠義『源氏物語(一)全現代語訳 新装版』二〇〇〇年)。上流女性が漢語を使うことは女らしくないと考えられていたにもかかわらず、漢語を使う女がいたのでしょう。

一四世紀初頭に書かれた宮仕えの女性のための教訓書『めのとのさうし』には、私のお気に入りの、次のような教訓があります。(塙保己一編『群書類従 第二十七輯 雑部』)

おもふさまにえみひろげ。のどのあな見え。したのひろき。口わきよりあはふくだりてものいへば。いかにうつくしき口つきも。あしくなり候。

(思い切り笑い広げて、のどの穴を見せ、舌を広げ、口の脇から泡を吹いてしゃべれば、どんなに形の良い口も醜くなる。)

私は、この教訓を図書館で見つけたときに、おもわず声を出して笑ってしまいました。教訓にしてはあまりにも具体的だったからです。この教訓は、実際に大口を開けて笑いしゃべりまくる女たちがいたからこそ書かれなければならなかったのではないでしょうか。

国語学者の小林千草は「女性の意識と女性語の形成」という論文で、室町時代の狂言「れんじゃく」に登場する濁り酒商人の女が、自分を紹介する部分では、「おりゃらします」という最高に丁寧で品の良い女性のことばを使っていたのに、市で場所取りをしていた自分の前に座り込んだ男に対しては、「やい、ここなもの。そこのけ。」と怒鳴りつけるという落差に注目しています(『女と男の時空　日本女性史再考Ⅲ』一九九六年)。室町の女も、必要なときには乱暴な言葉づかいをしたのです。

つまり、一口に女性といってもその立場はいろいろで、たとえ「昔」であっても、彼女たちが一様に同じような言葉づかいをしていたとは考えにくいのです。むしろ、身分の違いが明確であった「昔」であるからこそ、その言葉づかいは大きく異なっていたのではないでしょうか。

では、女性の多様な言葉づかいは、どのようにして「女ことば」というたったひとつのカテゴリーを形成していったのでしょうか。これが、本書が明らかにしようとする第一の問いです。

ルールとマナー

二つめの問題は、女ことばには「女はこのように話すべきだ」という規範(ルール)としての働きがあるという問題です。たとえば、女の子が乱暴な言葉づかいをすると、「女の子なんだから、もっと丁寧に話しなさい」と注意されることがあります。注意したり教えなければならないということは、女ことばが、「女性なら自然に話す言葉」なのではなく、「女はこのように話すべきだ」という規範だということです。

女ことばに規範としての働きがあることは、毎年たくさんの女性のための話し方のマナー本が出ていることからも分かります。ざっとネットで検索しただけでも、以下のような題名が現れました。

『ぜったい幸せになれる話し方の秘密――あなたを変える「言葉のプレゼント」』
『女性の美しい話し方と会話術――好感を持たれる言葉のマナー』
『聡明な女性の話し方』
『「品格ある大人」になるための愛される日本語』
『エレガントなマナーと話し方――魅力的な女性になる77のレッスン』

『美人の話し方――そのひとことであなたは愛される』

これらのマナー本は、話し方を変えることで女性は「変わる、聡明になる、魅力的になる、幸せになる、美人になる、愛される」とうたっています。もちろん、男性の話し方についてもマナー本がありますが、仕事をスムーズに進めるための内容が多く、話し方によって男らしくなったり、幸せになったり、愛されることは想定していません。

では、女らしい話し方は、なぜ、どのようにして女性の話し方のルールになったのでしょうか。なぜ、女らしさは話し方に表れると考えられているのでしょうか。これが、本書が明らかにしようとする第二の問いです。

習得することば

三つめの問題は、女ことばには、メディアから知識として学ぶ側面があるという点です。日本に住んでいる人のほとんどは、その人の住む地域の言葉、地域語を話しています。一方、女ことばは標準語です。だとしたら、地域語を話す人は、身近にいる女性の口からは標準語である女ことばを日常的に聞くことがないということになります。それにもかかわらず、私たちは女ことばがどのようなものであるかを知っています。なぜでしょうか。

それは、私たちが女ことばを、メディアから学んでいるからです。身近な女性の口からではなく、むしろ、テレビや映画の登場人物の会話から学んでいるのです。

実は、メディアから知識として学ぶ言葉づかいは、女ことばに限ったことではありません。日本語には女ことばと同じように、特定の集団や人物像と結びついているさまざまな言葉づかいがあり、その多くはメディアから学ばれることが指摘されています。国語学者の金水敏は『ヴァーチャル日本語』(二〇〇三)で、そのような言葉づかいを「役割語」と名づけ、紋切型の人物が登場する絵本やマンガなどのメディアに役割語が多く使われていることを示しています。

女ことばも、自分や身近な女性が日常的に使うというよりも、メディアの登場人物——美人女優や、デキるキャスターや、優雅な奥様や、愛されるアシスタント、可憐な妹など——が使っているのを聞いて学んだと考えられます。だとしたら、私たちは女ことばを知識として学んでいることになります。つまり、女ことばには、「このような話し方が女ことばだ」という知識の側面があるのです。

知識としての女ことばには、女らしさと結びついた声の高さ、感嘆詞、人称詞、文末詞、語彙などさまざまなものが含まれます。高い声は女らしさを、低い声は男らしさを表現すると言われます。「あら、まあ」は女性の、「おい、こら」は男性の感嘆詞、「あたし」は女性の、「ぼく・おれ・おまえ・きみ」は男性の人称詞とみなされます。文末詞では、「(だ)わ・ね・よ・かしら」は女性、「ぜ・ぞ」は男性が使うとされます。「お腹すいた」は女性の、「腹へった」は男性の言葉だと言われます。私たちは、これだけたくさんの知識を持っているのです。だから、「あたし、お腹すいたわ」は女性の発言で、「おれ、腹へったぞ」は男性の発言だと分かるのです。

しかし、よく考えてみると、実際の会話がこのような言葉づかいで行われることはめったにありません。「あたし、お腹すいたわ」と女性が言い、男性が「おれ、腹へったぞ」と言うなんて、まるでドラマのせりふです。

翻訳の世界

知識としての女ことばの側面がもっともよく表れているのが、翻訳の言葉づかいです。なぜなら、翻訳には日本人女性が使わないような典型的な女ことばが使われることが多いからです。

たとえば、J・K・ローリングのハリー・ポッター・シリーズで活躍する女の子に、ハーマイオニー・グレンジャーがいます。第一巻の『ハリー・ポッターと賢者の石』(松岡佑子訳)でハーマイオニーがはじめて登場するシーンは、次のように翻訳されています。

「まあ、あんまりうまくいかなかったわね。私も練習のつもりで簡単な呪文を試してみたことがあるけど、みんなうまくいったわ。私の家族に魔法族は誰もいないの。」

「私」「わね」「わ」「の」など、かなり女らしく翻訳されています。しかも、このとき（第一巻）の年齢は一一歳という設定です。日本ならば小学校の五年生です。今どきの日本の小学校五年生で、こんな話し方をしている女の子などいるでしょうか。

さらに、この傾向は、一九五七年に邦訳された『風と共に去りぬ』のスカーレット・オハラから続いています。翻訳のスカーレットも、「いらないわ。ほしくないのよ。」（大久保康雄・竹内道之助訳『新版世界文学全集25・26』）と典型的な女ことばを話しています。不思議なことに、現在、最も典型的な女ことばを話しているのは、日本人女性ではなく、翻訳の中の非日本人女性なのです。

なぜ、このようなことが起こるのでしょうか。ひとつの理由は、「女性は女ことばを話している」という思い込みがあるために、翻訳者が翻訳するときに、自分が持っている女ことばの知識を使ってしまうからです。翻訳家の大島かおりは、次のように述べています。

同じ言葉であっても、男が言っているときと女が言っているときでは、訳し分けることがある。いわゆる女ことばに縛られているつもりはなくとも、身にしみついた「女らしさ」の約束ごとに無意識に引きずられて、自分の言葉の選び方を自分で規制している。

「女が女を訳すとき」『翻訳の世界』一九九〇年九月号

日本語を話すことのない外国の人々が使う女ことばほど、女ことばが知識であることを如実に表している例はありません。

私たちが女ことばを知識としてメディアから学んでいるのだとしたら、女性たちが使ってきた言葉がそのまま女ことばになったという考え方は、あてはまらないことになります。なぜならば、メディアの言葉は作家が創作した「せりふ」だからです。

では、メディアの作り手は、なぜ女性と男性の登場人物に異なる話し方をさせて、「女ことば」の知識を発信してきたのでしょうか。これが、本書が明らかにしようとする第三の問いになります。

女らしさ以外の価値

四つめの問題は、女ことばには女らしさ以外にもさまざまな意味が与えられているという点です。女ことばに限らず、「日本語は非論理的だ」や「大阪弁はおもしろい」など、私たちはさまざまな言語カテゴリーに意味を与えています。これらの言語に与えられている意味は、「価値」という用語で表現されます。

女ことばに与えられている代表的な価値のひとつは、「女ことばは日本語の伝統だ」というものです。女ことばは、長い歴史を経て成立したと考えられており、敬語と並んで日本語の伝統のひとつだとみなされています。

その場合に、女ことばの「起源」としてよく挙げられるのが、一四世紀に宮中の女官たちによって使われていた「女房詞《にょうぼうことば》」や、江戸時代から遊郭などで使われるようになった「遊女ことば」です。

けれども、本書で詳しく見ていきますが、現在の「女ことば」と「女房詞」の共通点というと、実際には接頭辞の「お」ぐらいで、それも、男女両方に使われています。それでは、女房詞は、なぜ女ことばの起源だと言われるようになったのでしょうか。

もうひとつ、「女ことばは日本語の伝統だ」という信念をささえている考え方に、先にも挙げた、「昔の女の人は女らしく話していた」があります。「昔の女性は今よりずっと女らしい言葉づかいをしていて、その昔の女性たちの言葉づかいが今の女ことばになった」という信念です。これが「信念」であることは、昔の女性でも女らしい言葉づかいをしていなかったという先に挙げた例からも明らかです。ではなぜ、昔の女性は女らしく話していたと信じられているのでしょうか。

この信念を作り出しているもののひとつが、新聞の投書などでよく見る、「最近、女性の言葉づかいが男のようになってしまった」という嘆きです。

全国の新聞投書欄を調べると、「日本語が乱れている」という投書が毎日のように掲載されています。その場合、日本語を乱しているとして取り上げられるのが、若者の言葉と女性の言葉です。そして、これらの投書は、そのほとんどが「最近」という枕詞で始まっているのです。

「最近の」言説

「最近、自分の子供に対してぞんざいな話し方をする母親が増えているように感じ、気になっている。」(三九歳・会社員)　読売新聞、二〇〇六年一一月二一日、投書欄つまり、ほとんどの投書は、女性の言葉づかいが乱れたのは「最近だ」ということを前提にしているのです。これを私は「最近の言説」(「言説」については後述)と呼んでいます。

実は、この種の言説は、明治時代から見つけることができます。国語学者の大槻文彦《おおつきふみひこ》は、明治三八(一九〇五)年に上野女学校で行った講話の中で、「今女学校で流行る「よくつてよ」などいふ言葉も聞きにくい　維新前《いしんぜん》の将軍大名の奥向、徳川の旗下《はたもと》の婦人などの言葉は上品なものでありました」と述べています(「日本方言の分布区域」『風俗画報』三一八号)。ここでは、「最近」のかわりに「今」という表現が使われていますが、「今」の女性のことばを明治維新前の「昔」の女性のことばと比べて批判しながら、「昔の女性の言葉は上品だった」と言っているのです。

つまり私たちは、少なくとも一〇〇年間「最近の女性の言葉づかい」を嘆き続けているのです。一〇〇年言い続けても女性の言葉づかいが良くならないのなら、投書をしても意味がないと思うかもしれません。けれども、「最近の言説」には、女性の言葉の乱れを嘆く以上の大きな働きがあるのです。

それは、「最近の乱れ」を嘆くことで、「昔の女性たちは女らしい言葉づかいをしていた」という信念を再生産する働きです。「最近」という枕詞がついているために、投書がことばの乱れを嘆くたびに、「今の女性の言葉づかいはひどいが、昔の女性は女らしい言葉づかいをしていた」という信念が再生産されます。

「最近の乱れ」を嘆く人たちが目撃したのは、女性が必要に応じて女らしくない言葉づかいを選択している例で、その意味で女性が創造的にことばを使っている一例です。ところが「最近の言説」は、これを歴史的時間軸からとらえて、「昔の女性は女らしく話していたのに、最近乱れてきた」と表現します。これにより、「昔の女性は女ことばを使っていた」ことになり、その結果、「女ことばは実際に女性たちが使ってきたことばだ」という神話も再生産されます。女ことばが、実際に女性たちが使ってきたことばであるならば、それは日本女性が長い歴史を通して守ってきた「美しい日本語の伝統」となるのです。

では、いつから女ことばは日本語の伝統になったのでしょうか。なぜ、ほかの誰の言葉づかいでもない、「女性の」言葉づかいの乱れが気になるのでしょうか。女性が実際に話してきた「言葉づかい」が自然に「女ことば」になったと考えているだけでは、これらの問いに答えることはできません。

ここまで、「女性たちが話してきた言葉づかいが自然に女ことばになった」という考え方の問題点を見てきました。そして、女ことばには、女らしい話し方の規範としての側面や、メディアから学ばれる知識としての側面、そして、日本語の伝統という価値としての側面があることを指摘しました。

さらに、規範や知識、価値として女ことばを眺めると、これまで気づかなかった疑問が浮かんでくることも確認しました。女性の言葉づかいが多様であるのならば、どのようにして多様な言葉づかいが、「女ことば」というたった一つのカテゴリーを形成していったのでしょうか。また、「女ことば」がメディアの会話から知識として学ぶものだとしたら、メディアはなぜ、男女の登場人物に異なる話し方をさせて「女ことば」の知識を発信してきたのでしょうか。さらに、どのようにして、女ことばは日本語の伝統になったのでしょうか。

言語行為

これらの問いに答えるためには、まず、女性が実際に話すことを女性の「言語行為」と呼んで、「女ことば」と区別します。言語行為とは、特定の場面で、私たちがことばを使って自分を表現したり、お互いを理解し合う過程を指します。

先に指摘したように、私たちの言語行為は話し手の性だけでなく、さまざまな要因に応じて変化します。女性も、いつも女らしさを表現するためだけにことばを使っているわけではありません。「女ことば」だと考えられている「だわ・かしら」を使ったとしても、それが女らしさを表現するかどうかは、場面によって変化します。

一方、女ことばとは、女らしさと結びついていると広く信じられている抽象的な理念です。その中には、次のようなものが含まれます。第一は、「女性は丁寧に話さなければならない」などの女性の話し方に関する規範です。第二は、知識としての女ことばです。これには、女らしさと結びついた声の高さ、感嘆詞、人称詞、文末詞、語彙などが含まれます。第三は、「女ことばは日本語の伝統である」などの女ことばに付随しているさまざまな価値です。本書では、これらの規範、知識、価値としての女ことばを、女性が実際の場面で使うことば、すなわち言語行為とは区別します。

しかし、このように区別するのは、「女ことば」は女性の言語行為と関係がないと主張するためではありません。むしろ、両者を区別することで、規範、知識、価値としての女ことばが、どのような場合に私たちの言語行為に影響を与えるのかが明らかになります。

言語イデオロギー

次に、規範、知識、価値という女ことばの三つの側面を「言語イデオロギー」という概念でとらえます。言語イデオロギーにはいろいろな定義がありますが、言語人類学者のアーヴィン(J. Irvine)は、以下のように定義しています。

言語関係について個々の文化が持っている理念の体系を指し、これらは倫理的・政治的価値を伴っている。

"When talk isn't cheap," *American Ethnologist*, 16(2)

この定義は、言語イデオロギーについて、主に三つのことを言っています。ここでは、女ことばを例に挙げて説明します。まず「理念」とは、言語イデオロギーは、「実際に使われている言葉づかい」ではなく「抽象的な概念」だ——つまり、女ことばは、「女性が実際に使っていることば」ではなく、「女ことばについての規範や知識」だということです。

次に「体系」とは、言語イデオロギーは、他の言語イデオロギーとの関係でその価値が決まるということです。女ことばも、それ以外の言語イデオロギー、つまり男ことば、国語、標準語、敬語などとの関係でその価値が決まります。本書でも、これらの言語イデオロギーと女ことばの関係が歴史の中で変化していく様子を見ていきます。

最後の「倫理的・政治的価値を伴う」とは、「良い／悪い」「正しい／間違っている」などの価値が与えられているということです。女ことばにも、「女らしくて上品」や「日本語の伝統だ」などの価値が与えられています。

「言語イデオロギー」という用語が提唱されたのは、私たちがコミュニケーションを行うときには、単語の意味や文法規則だけではなく、言葉の持つ特定のイメージや価値観が影響を与えていることが明らかになってきたからです。二〇世紀の後半には、これらの「言葉に付加された価値」は、近代化や植民地化など、その社会の歴史的な過程と密接な関係にあることが指摘されました。

言語イデオロギーには、次のように、言葉のさまざまなレベルに付随した価値が含まれます。

- 言語全体のレベル（例「言語は人間の思考を表現する手段である」）
- 「日本語」のような特定の言語のレベル（例「日本語はあいまいな言語である」）
- 女ことば、標準語、〇〇方言などの言語カテゴリーのレベル（例「女ことばは日本語の伝統である」）
- 特定の単語のレベル（例「「あなた」は「おまえ」より丁寧だ」）

これまでも、言葉に与えられたイメージや価値は「言語意識」や「言語観」という形でとらえられてきました。ではなぜ、「言語イデオロギー」という用語が新たに付け加えられたのでしょう。

「イデオロギー」という用語をどのように理解するべきかについては、哲学や社会思想などに膨大な研究の蓄積がありますが、大きく二つの流れに区別することができます。

ひとつは、マルクス主義の「虚偽意識」に代表されるような、イデオロギーを、特定の階級が利益を得るための理念体系として否定的にとらえる考え方です。もうひとつは、イデオロギーを、特定の共同体が共有している理念体系として中立的にとらえる考え方です。

言語イデオロギーの研究領域で採用されているのは、後者の立場です。けれども、研究が進むにつれて、言語にかかわる理念も特定集団の利害と密接な関係にあることが明らかになってきました。たとえば、「標準語」もひとつの言語イデオロギーですが、アナウンサーや営業職には標準語を話す能力が必要とされることがあります。この場合、標準語を話す集団は、それらの職に就きやすいという意味で特定の利益を得ている集団だといえます。言語イデオロギーに、「言語意識」や「言語観」ではなく「イデオロギー」という用語が用いられているのは、これらの理念が社会の特定集団の利益になると考えられているからなのです。

言説が構築する

では、「女ことばイデオロギー」(「女ことば」という規範・知識・価値の体系)は、どのように成立したのでしょうか。女ことばが、女性が話してきた言葉づかいから生まれたのでないのならば、何によって形成されてきたのでしょうか。実は、その答えは、四つの問題点を指摘したこれまでの議論の中にあります。

まず、規範としての女ことばですが、私たちはマナー本が女性の話し方の規範にかかわりがあることを確認しました。次に、知識としての女ことばにも、フィクションの登場人物が使う言葉づかいが影響を与えてきたことを見ました。最後に、価値としての女ことばにも、新聞投書の影響が大きいことを指摘しました。本書では、これらのマナー本、フィクションの会話、新聞投書などを「言説」という概念でとらえ、女ことばは、言説によってつくられてきたと考えます。

では、言説とは何でしょうか。フーコーは、言説とは「言説によって語られる諸対象を体系的に形成する実践である」と指摘しています(『知の考古学』)。

「言説」とは、話し言葉でも書き言葉でも「何々は、○○である」と語ることばのかたまりです。フーコーはことばに注目して、私たちが何らかの知識や概念を持っているのは、人々がそれについて「ことばで」語ってきたからだと考えました。語る対象が最初からあるのではなくて、大勢の人がある現象に注目して、それについて語るようになる。すると、それらの語る行為が、その現象を社会的に意味のある対象にしてきたと考えたのです。

○○について語る

言語イデオロギーを形成する言説は、大きく二つに分けられます。ひとつは、「女は丁寧に話すべきだ」のように、特定の話し方について明確に語る「顕在化した言説」で、これには、マナー本や新聞投書、識者や言語学者の言説が当てはまります。本書では、これを「ついて語る」言説と呼びます。

もうひとつは、会話の中で「女のくせに乱暴な言葉で話していた」というような場合です。この場合、「女は丁寧に話すべきだ」という規範はこの発言の前提として潜在していますが、明確に述べられてはいません。こちらは「潜在化した言説」と呼ばれ、これにはさまざまな言語行為が当てはまります。

本書では、この後者をさらに、具体的な場面の会話と、映画やドラマなどで使われる会話に区別します。なぜならば、本書の主眼は、「女ことばは、女性が実際に使っている言葉づかいから自然に成立した」という考え方を疑ってみることにあり、このためには、実際の言葉とフィクションの言葉を区別することが重要だからです。

そこで、「ついて語る」言説とフィクションの会話をデータとして取り上げます。「ついて語る」言説には、マナー本、識者の発言、文法書、国語教科書などが含まれます。フィクションの言葉づかいとしては、主に小説の中の会話を取り上げます。（現代でしたら、映画、ドラマ、ゲームなどに登場する会話も対象になります。）

本書は、実際に行われている会話を分析して、「女性と男性の言葉づかいはどのように違うのか」「女性の言葉づかいは乱れているのか」などの問いに答えようとするものではありません。むしろ、そもそも、なぜこのような問いが可能になったのか、なぜ言葉の性差や女性の言葉の乱れが問題になったのかを明らかにしていきます。

読者の中には、女性が実際に使ってきた言葉を取り上げずに女ことばを語るなんて、ちっとも面白くないと感じる方がいるかもしれません。けれども、過去の資料をそのままその時代の女性の言葉づかいだとみなすことには問題が多いのです。

これまでの研究では、過去の資料が女性の言葉づかいに「ついて語る」言説なのか、フィクションの会話なのか、それとも、実際にその時代の女性が使っていた言葉なのかを区別する視点はありませんでした。むしろ、過去の資料をその時代の女性が使っていた言葉として解釈する傾向が強かったのです。

これから詳しく見ていきますが、江戸時代の女性向けマナー本には女性が使うべき言葉としてたくさんの女房詞が列挙されています。これまでの研究では、たくさんの女房詞が列挙されているのだから、当時の女性たちも女房詞を使っていたと推測されたようです。けれども、マナー本は女性が使っていた言葉ではなく、女性の言葉づかいに「ついて語る」言説です。マナー本に女房詞が列挙されていても、必ずしも当時の女性たちが女房詞を使っていたとは言えません。本書では、同じ時代の女性でも女房詞を使うことに負担を感じていたことを示して、このような解釈の問題点を示しています。

もちろん、現代の女性が実際に使っている言葉を明らかにする研究は、広く行われています。そして、これらの研究は、私たちの言葉づかいが多様に変化していることだけでなく、女ことばの規範、知識、価値が実際にことばを使う過程に影響を与えていることも指摘しています。その意味で、女ことばの歴史的形成過程を明らかにすることは、実際の言語使用の研究と補い合う関係にあります。

歴史的言説分析

本書は言説をデータとして分析しながら、女ことばが歴史的につくられてきた道程を描いていきます。それでは、歴史的言説分析という方法は、従来の研究と何が違うのでしょうか。

これまでの歴史研究は、過去の資料を順に示して、「各々の時代の女性はこう話していました」と述べるものがほとんどでした。一方、本書の「歴史的な視点」では、ある時代に特定の言説が意味を持ってくる背景にある政治や経済状況に注目します。

世の中では、いろいろな人がいろいろなことについて語っています。けれども、すべての言説が社会的に意味を持ってくるわけではありません。それぞれの時代に、どのような言説が可能になり、意味を持ち、社会に広く普及するかは、その時代の政治や経済状況によって変わってくるのです。

たとえば、第二次世界大戦中には、「女ことばは天皇制国家の伝統だ」と主張する言説が突然、たくさん普及してきます。その背景には、日本語を教えることで東アジアの植民地の人たちにも天皇を敬う日本人になってもらおうという同化政策がありました。

この例からも分かる通り、特定の言説が意味を持つようになった政治や経済的な背景を探ることで、なぜ女ことばは日本語の伝統になったのか、その理由の一端を明らかにすることができるようになります。

本書は、女の言葉づかいに関する特定の言説が、なぜ可能になり、意味を持ち、社会に広く普及したのか、そして、その時代に女ことばの規範や知識、価値が作り出されたのはなぜなのか、その理由を、その時代の政治・経済状況によって説明することを目指しています。

そのため、本書には多くの識者の言説が登場します。けれども、その意図は、個々の言説生産者を批判することではありません。特に、明治以降の分析では、著名な国語学者の言説を多数取り上げていますが、それは学問の言説が言語イデオロギーの形成に大きな役割を果たしてきたことを示すためです。

学問の言説には、科学的、客観的な体裁で述べられていて、社会の権力関係とは無縁だと感じられるものが多くあります。しかし、こうした言説のほとんどは、既存の権力関係を暗黙裡に肯定している点で、はるかに政治的な働きをしているのです。

積み重なる価値

最後に、なぜ過去の歴史をさかのぼることが現在の日本語の姿を明らかにすることになるのでしょうか。それは、ひとつの時代に女ことばに与えられた価値は、次の時代にまったく新しい価値にとってかわるのではなく、前の時代の価値の上に次の時代の価値が積み重ねられることが多いからです。だからこそ、現代の女ことばにも、日本語の伝統から女らしさの表現まで、さまざまな価値が与えられているのです。その意味で、これからみなさんがお読みになる過去の話は、現代にもつながっていると言えます。

女の言葉づかいが規範の対象として語られ始めたのは鎌倉・室町時代であったことに驚かれるかもしれません。一方で、特定の人称詞や文末詞が「女ことば」とみなされるようになったのは、明治時代に、ちょうど国語の教科書や文法書によって言葉の細かい要素が取り上げられるようになった近代以降であること、そして、女ことばが「日本語の伝統」になったのは、第二次世界大戦中であることを知って驚かれるかもしれません。

読者のみなさんが、「女ことば」という新しい視点から見えてくる日本語の姿を堪能してくださされば嬉しく思います。

第１部

「女らしい話し方」

規範としての女ことば

序章のマナー本の例で見たように、日本では、女らしさと言葉づかいが強く結びついていて、女らしい話し方の規範があります。では、このような女らしい話し方の規範は、どのようにして成立してきたのでしょうか。

一章　マナー本は鎌倉時代からあった

況して婦人は静かにして奥ゆかしきこそ

「言語を慎みて多くす可《べ》からず」とは、寡黙を守れとの意味ならん。諺に、「言葉多きは科《しな》少なし」と云い、西洋にも、「空樽《あきたる》を叩けば声高し」との語あり。愚者の多言、固《もと》より厭う可し。況《ま》して婦人は静かにして奥ゆかしきこそ、頼母《たのも》しけれ。

福沢諭吉『女大学評論・新女大学』明治三二(一八九九)年

福沢諭吉といえば、名著『学問のすゝめ』で「天は人の上に人を造らず人の下に人を造らず」と宣言したことで知られています。しかし、その福沢諭吉でさえ、「女はしゃべるな」と明言していたことはあまり知られていません。

その背景を理解するためには、ここで引用されている「言語を慎みて多くす可からず」や

「言葉多きは科少《しな》なし」が、『女大学』をはじめとする女性のためのマナー本によって、すでに多数普及していたことを押さえておく必要があります。

女性のためのマナー本は、鎌倉時代にまでさかのぼって見つけることができます。そのひとつは、鎌倉時代から江戸時代、明治・大正時代まで広く普及した女訓書《じょくんしょ》と呼ばれる書物です。女訓書とは、結婚する娘や孫に儒教思想に基づいた女性としての振る舞いや人付き合いを示す書きもので、もとは中国から入ってきたものです。

日本の女訓書で古いものの中に、鎌倉中期の歌人、阿仏尼が娘のために書いたとされる『庭のをしへ』(別名『乳母のふみ』弘安六＝一二八三)があります。この中にも、すでに話し方に関する教訓が含まれていて、ものを言うときは、あいまいにして感情を表さない、軽率に言わないと教えています。(塙保己一編『群書類従　第二十七輯　雑部』)

またうれしう御心にあふ事候とも。こと葉にうれしやありがたやなどおほせごとあるまじく候。……我心。身のうへをも。人の事をも。おぼろげのひとにうちかたらひ。色見ゆる御ことなど候はで。大かたに何事をも。御心のうちばかりにおぼしめしわき候へ。あさはかに物などおほせられ候はんはあしき事にて候ぞ。さればとて。あまりに上すびてにくい気したるもわろく候へば。そのほどはわきまへ、ふるまはせ給ひ候へ。

（うれしい事があっても、言葉でうれしいなどと言わない。……自分の気持ち、身の上、人の事もあいまいにぼかして、感情を表すような事はしない。何事も心の中にとどめて軽率にものを言わない。けれども、あまりに上品ぶるのも憎らしいから、そのほどはわきまえて振る舞うようにしなさい。）

女訓書の流行

江戸時代になると、以前は地位の高い女性だけに読まれていた女訓書が、膨大な数の一般の女性たちに行きわたるようになります。江戸時代には、中世の女性観と仏教・儒教思想に基づく男尊女卑観が、封建的な家制度のもとで融合しました。そのため、江戸時代の女訓書では、夫やその両親に従う嫁・妻としての役割が強調されました。

その中心を成したのが、四行《しぎょう》と呼ばれる考え方です。四行とは、婦徳（女として固く守らねばならない諸徳）、婦言（女が日常で使うべき言葉づかい）、婦容（女にふさわしい身だしなみ）、婦巧（書道・和歌・裁縫など婦人が身に付ける技芸や教養）という女性にとって大切な四つの行いを指します。

家制度における女のあり方とされた四行の中に、「婦言」、つまり、言葉づかいの規範が含まれていたことが注目されます。言葉づかいに規範を与えることが、女性を支配するために重要

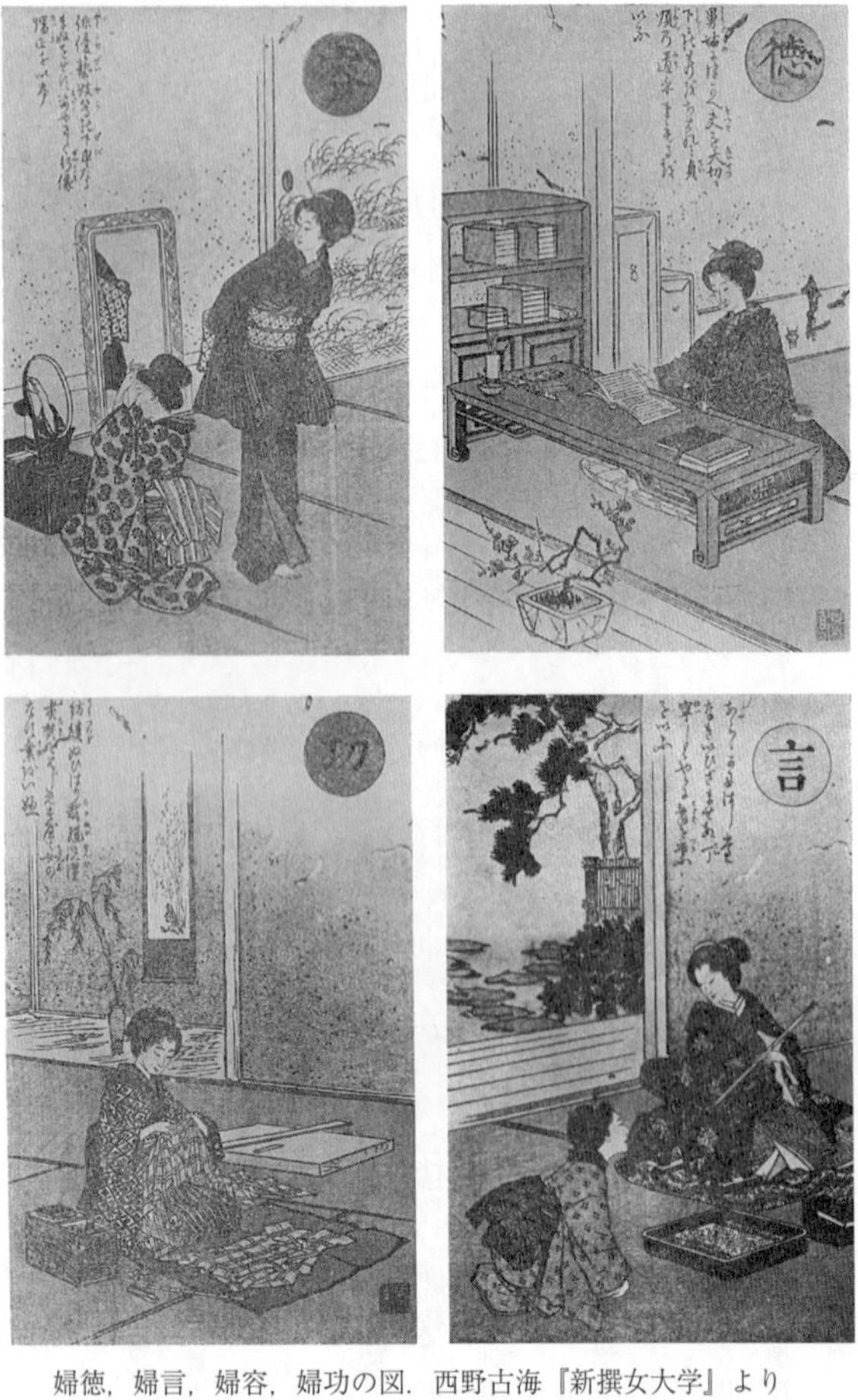

婦徳，婦言，婦容，婦功の図．西野古海『新撰女大学』より

だと認識されていたのです。それでは、婦言とは具体的にどのような内容だったのでしょうか。

江戸時代初期の女訓書に、『女訓抄』(寛永一九＝一六四二)があります。その「第二章 五障三従の事」に、悪い言葉づかいについての教えが述べられています。(「五障三従」とは、女は五つの障害を持って生まれてくるので、父・夫・子の三つに従うべきという意味です。)悪い言葉づかいとは、「口は禍《わざわい》の門《かど》」であることを忘れて、自由に笑ったり、悪口やうわさ話をすることです。女がしゃべると、悪口やうわさ話をするため、わざわいのもとだと言われています。(石川松太郎編『日本教科書大系 往来編 第一五巻 女子用』一九七三年)

おかしからぬことにも、けしからずわらひ。さざめき。わが心にあはねばとて、人をもことのほかにそしり。よろづの人のうへをのみ。いひさたし。いふまじきことをも。口がましくいひ。わらひけるほどに。もれきこふれば。身のあだとなる。されば口はこれ。わざはひのかど。したはこれ。わざはひのねといふもん。まことに此いはれ也。

(おかしくもないことを笑い、意に添わぬと人の悪口を言い、うわさ話をし、言うべきでないことをおしゃべりする。これが漏れれば身のあだとなる。口は禍の門、舌は禍の根と言う。真なり。)

元禄に入ると、庶民の知識欲を受けて、日常生活に必要な知識を項目別に分かりやすく解説した百科辞典とでも呼べるような「重宝記」が出現しました。その中でも、最も広く読まれたのは、仮名草子作者、苗村丈伯《なむらじょうはく》による『女重宝記《おんなちょうほうき》』（元禄五＝一六九二）です。『女重宝記』にも「女詞《ことば》づかひの事」という項目が立てられ、おしゃべりの禁止、女はあいまいで柔らかに言うのが良い、漢語を使うことの禁止、などが述べられていました。

もちろん男性の言葉づかいにも規範はありましたが、女性の言葉づかいに対する規範とは異なっていました。女性にはそもそも話す権利が認められていないのに対して、男性の話し方に関する規範は「どのような言葉を使うべきか」であり、「男は話すな」という規範ではなかったのです。

たとえば『女重宝記』と同じ著者によって書かれた『男重宝記《なんちょうほうき》』（元禄六＝一六九三）には、「女詞《ことば》づかひの事」に対応する項目がありません。巻之一に「大名衆《だいみょうしゅう》つかひ詞《ことば》の事」の項がありますが、そこには、「一、国より江戸へゆくを、参勤と云。」などとあるだけです。

女子庶民の手習い

さらに、江戸も後期になると、文字の読み書きを必要とする女子庶民の人口が増大するに従って、手習いの教科書としておびただしい数の女訓書が出回るようになります。教育学者の石川松太郎によると、江戸から明治の女訓書は、江戸末期をピークに三七七種を数えたそうです。女訓書には、書名に「女今川」「女実語教」「女大学」などがつけられた、いくつかの系統があり、それぞれ多く編まれていますが、その数例をご紹介しましょう。

『女今川錦の子宝』(元文二＝一七三七)には、「女は、ことばおほからず、言葉をえらび、言《いい》てさがなき事をいはず、いふべき時にあたりて、言《いう》ばかりにて、とはずがたりせずして、かしましと人にいはれざるやうにするをいふなり。」(女はしゃべり過ぎず、言葉を選んで、必要のないことは言わず、必要のあるときだけ言い、人におしゃべりだと言われないようにすべき。)とあります。

『女実語教・女童子教』(元禄八＝一六九五)には、「語《ことば》おほき女は品少《しなすくな》し。遊女のへつらひたはるるがごとし。詞はしきみより外に出さずして。ひそかにしても謗《そし》る事なかれ。ものいふ時は静《しずか》にいひて。唇《くちびる》をひらきあはすべからず。」(おしゃべりな女は品がない。遊女がへつらい戯れるようだ。言葉は敷居より外に聞こえないように、小さな声でもあなどるな。ものを言うときは静かに言い、唇を開かない。)とあります。

『嫁文章《とつぎぶんしょう》』(天保一二＝一八四一)には、「人中《ひとなか》にて、いかにも心をはえばえ敷有《しくある》べく候。然《さり》とて余り口をきき、高笑《たかわらい》など、候。唯男《ただおとこ》も女《おんな》も、物いひ過《すご》し候事悪《ことあし》く候。口は是科《これとが》の門《もん》、舌は是《これ》禍《わざわい》の根と申事《もうすこと》、実《げに》もと思ひまいらせ候。」（人中ではさわやかにしていろ。しかし、おしゃべり、高笑いはするな。男も女も、しゃべりすぎは悪い。口は禍の門、舌は禍の根と言う。気をつけろ。）とあります。

儒学者、貝原益軒による「女子を教ゆる法」（宝永七＝一七一〇）には、女がしゃべると家が乱れ、国家が乱れるとあります。「多言は、口がましきなり。ことば多く、物いいさがなければ（口やかましければ）、父子・兄弟・親戚の間も云いさまたげ不和になりて、家みだるるもの也。古き文にも、「婦に長舌《ちょうぜつ》あるは、是れ乱の階《はし》なり」といえり。女の口の利《き》きたるは、国家のみだるる基《もと》いとなる、という意なり。」女のおしゃべりは、社会秩序を乱すとして警戒されたのです。

読者のみなさんには、どの女訓書も、同じような教訓、特に「女は話すな」、を繰り返していることを感じていただけたと思います。

当時の女性たちは、これらの女訓書を書き写すことで、読み書きを学んだと考えられます。つまり、当時の女性たちにとって、読み書きを学ぶということは、すなわち、これらの女訓書に書かれていた言葉づかいに関する規範を学ぶことでもあったのです。

このように、女訓書は、何百年も「女は話すな」と語り続けることで、女性の話し方を規範の対象とみなす視点を形成しました。女訓書という言説が長い年月にわたって数多く普及することで、女性の話し方は、社会的に意味のあるトピックとなっただけでなく、管理、監視、支配されるべき対象となったのです。

さらに、印刷技術の発達により、広範囲に多くの女訓書が普及し、前の女訓書の内容が繰り返し引用されることによって、同じような言説が増幅していきました。教訓は、やさしい言葉づかいに書き改められ、箇条書きに書き直され、挿絵や具体的経験談を付け加えられて普及していきました。四行の婦言を忠実に反映し、女が口を開いて言葉を使うことを否定する教訓が笑い方から声の大きさに至るまで詳細に展開されたのです。

男尊女卑から「つつしみ」へ

その過程で、男尊女卑の思想的背景は捨象され、個々の内容が、日常生活におけるたしなみや行儀として短い箇条書きで具体的に提示されていきます。つまり、女性の言葉づかいの「あるべき」規範を述べることが、女性を支配する思想に基づいていることが見えにくくなり、かわりに、女らしい話し方、女性の「つつしみ」となっていくのです。

たとえば、先に見た『女実語教・女童子教』では、「語《ことば》おほき女は品少《しなすくな》し」（おしゃべりな女は品がない)と、「おしゃべりであるかないか」が「品があるかないか」を決める基準のひとつになっています。『婦人養草《やしないぐさ》』(元禄二＝一六八九)に見られる「言語のつつしみたしなみ」から『新撰女倭《やまと》大学』(天明五＝一七八五)の「すべて言葉より気質もあらわるる物に侍れば、つつしみたまうべし。」まで、「つつしみ」という表現が多用されています。

女訓書の語り口が、「女は話すな」と女性を支配する思想をあからさまに表明する形から、「つつしみのある女はしゃべらない」に変化しているのです。「女が話すと家や国が乱れる」から「女は話すな」というのではなく、「話す女はつつしみがない」から「女は話すな」という形に変化したのです。

この変化は重要です。なぜならば、この変化により、「女は話すな」の背後にある女性を支配しようとする思想が見えにくくなり、話さないことが「つつしみ」という良い価値と結びついたからです。「つつしみがある」と思われたい女性は、自分から進んで話さないように努めたでしょうし、話す女性に対して「つつしみがない」と嫌悪感を持つ人も現れたでしょう。

最も有効な支配の形態は、特定の集団の利益となる考え方(イデオロギー)がその政治性を隠蔽した形で「常識」「知識」「当たり前のこと」として流布した結果、支配される人が自分から進んでその考え方に従わざるを得なくなることだとは、フーコーをはじめ、権力について考察する多くの思想家・歴史哲学者も指摘しています。

維新後も変わらない女訓書

明治に入っても、女訓書の言葉づかいに関する規範は驚くほど江戸時代の内容をなぞったままでした。「文明論」「改正」「新撰増補」「新撰」など、題名にこそ以前とは異なる印象の枕詞がついていますが、多くは使われている表現まで同じです。

『女訓』（明治七＝一八七四）には、「女は言語《ことば》多きものなれば、慎みていらざることは云うべからず。言葉数多き時は、少々のことより一家《いっけ》親類とも中あしくなり、朋友とも争いおこるものなれば、必ずさがなき言葉遣いあるべからず。」とあります。

『文明論女大学』（明治九＝一八七六）には、「言語《ことば》を慎みて、多くすべからず。仮にも人を誹《そし》り偽りを云うべからず。人の誹りを聞くことあらば、心に修めて人に伝え語るべからず。誹りを云い伝うより、親類とも間《なか》悪しくなり、家の内おさまらず。」とあります。

『改正女大学』（明治一三＝一八八〇）には、「言語《げんご》をつつしみて多《おお》くすべからず。仮にも詐偽《さくぎ》（つくりいつわり）をいい、又は間言《かんげん》（なかごと（中傷））・細語《さいご》（ささやきごと）すべからず。」とあります。

『新撰増補女大学』（明治一三＝一八八〇）には、「言語《ことば》は慎《つつし》みて多くすべからず。仮にも人を譏《そし》り偽りを云うべからず。人の謗《そし》りを聞くことあらば、心に蔵《こ》めて他《ひと》に語るべからず。」とあります。

そして、『新撰女大学』(明治一五＝一八八二)には、「婦人の辞遣《ことばづか》いは、おとなしくしとやかに、耳立たぬを善しとす。……多言《たくちまめ》の婦人は七去の中に入りたれば、本心に畏れて無用の口は開くべからず。……言《こと》の慎むべきことは、聖人も是れを誡《いまし》めたり。」と書いてあります。「多言の婦人は七去の中に入りたれば」とは、おしゃべりは女性が離婚される七つの理由のひとつだということです。

ここでも「つつしみ」が大活躍しています。本章の冒頭で挙げた、福沢諭吉の言説より以前には、これらの女訓書があったのです。女訓書は、近代に入っても、女性の言葉づかいを規範の対象とみなす視点を維持するのに大きな役割を果たしました。

しかし、明治時代には自由民権運動や開明思想が論じられ、男女同権も主張され始めました。それにもかかわらず、なぜ、女訓書の主張には大きな変化が見られないのでしょうか。

実は、江戸時代と明治時代の女訓書には、二つの大きな違いが見られます。この違いが、女らしい話し方の規範が、どのように江戸から明治への社会変化を乗り越えて維持されたのかを教えてくれます。

嫁・妻から女性国民へ

一つめの違いは、江戸の女訓書の教訓が家の「嫁・妻」としての規範だったのに対して、明治の女訓書では、「天皇の臣民」としての「女性国民」の規範に変化した点です。

一八六八年、明治政府は近代国家建設に乗り出しました。そのためには、それまで自分は藩に属していると考えていた人たちに、日本というひとつの国の国民だと考えてもらう必要がありました。女性も、「国民」になることを期待されました。

『文明論女大学』には、「我が日本帝国の婦人女子は、男子と同じく日本帝国の人民の権利を有するものにして、日本帝国に報ずる義務を存するものなり」とあります。これまでは「夫」に従っていた女性が、夫とともに「天皇」に従うことになったのです。

教育史研究者の小山静子は『良妻賢母という規範』(一九九一)で、女性を天皇の臣民として「国民」に取り込む過程で援用されたのが「教育する賢母」だと明らかにしています。「良妻賢母」とは、近代になって導入された女性国民の理想像だったのです。江戸時代は、女性は妻や嫁としてひたすら従うことが求められましたが、明治時代は、女性にも子どもの教育を行う重要な役割があると、国家の立場からも考えられたのです。

次代の国民を教育する賢母には、当然言葉づかいの模範となることも期待されました。『近世女大学』(明治七＝一八七四)には、「母は戯謔《ぎぎゃく》(たわむれおどけること)せず、妄語《ぼうご》(みだりな言葉・うそ)せず、幼子《ようし》の標準と成るべきを要《よう》す。」と、母に言葉づかいの模範を示すことが求められています。また、『明治女今川』(明治一三＝一八八〇)にも、「母は小児の模範たるに注意せずして、言語・動作等の不正を見聞かしむること」とあります。

女に次世代の国民を教育する賢母となることを求める国家的視点が導入されたことにより、女訓書の規範も国民の責務の枠組みでとらえられるように変化しました。従来の女訓書と同じ内容が、女が心掛けるべき徳目ではなく女性国民として子に教えるべき徳目に変化したのです。

「女は話すな」と「言うべき時は言え」

江戸と明治の女訓書の二つめの違いは、良妻賢母が女性国民の理想となるに従って、「女は話すな」だけでなく、「言うべき時は言え」という規範が生まれた点です。

日清戦争(一八九四〜九五)以降、国力増強には女性の貢献が大きいことが認識されるようになると、賢母だけでなく良妻の概念も変化しました。江戸時代のように、柔順さだけが良妻の条件なのではなく、「男は仕事、女は家庭」という近代的な性別役割分業の中で、家事労働を果たし家政を管理することのできる女性が良妻と考えられるようになったのです。

このような認識の変化は、女性も「言うべき時は言え」という新しい規範を生み出す素地を作りました。

福沢諭吉も『女大学評論・新女大学』で、「唯《ただ》一概に寡黙を守れとのみ教うるときは、自《おの》ずから亦弊害なきに非ず。」と主張して、大人の女性が人に会っても挨拶さえできず、医者に行っても自分の容態をはっきり話すことができないと嘆いています。

ただ「話すな」と教えると日常生活で困ることがあるから、「言うべき時は言え」と主張しているのです。けれども、福沢が女性の積極的な発言を奨励していないことは、「我輩とても敢えて多弁を好むに非ざれども」に明らかです。

では福沢の考える「言うべき時」とは、どのような時だったのでしょうか。それは、日常的に良妻賢母の役割を果たす時だったのではないでしょうか。その証拠に、福沢が最も嫌悪したのが、女が知識を開陳して議論することでした。「教育の進歩と共に、婦人が身柄にあるまじきことを饒舌《しゃべ》り、甚だしきは奇怪千万なる語を用いて平気なるは、浅見自ら知らざるの罪にして、唯憐れむ可きのみ」と激しい表現で批判しています。

広く国民に学問をすすめた福沢が、このような発言をしていたとは驚きです。女らしい「つつしみ」と話し方の結びつきがあまりにも強かったので、福沢といえども、その結びつきからは自由になれなかったのでしょう。

その証拠に、すでに明治二一(一八八八)年には、自由民権論者の中江兆民(篤介)は、『国民之友』に特別寄稿した「婦人改良の一策」で、女性が学問のことばで議論をすると「生意気だ」と非難する傾向を批判しています。「女人の学問無きを憂へて学問を為せて其上にて一言一句も口から出さしめさらんとするは何の論理法そや。」

「言うべき時は言え」は、「女は話すな」に比べると女性の発言を促している点で少し進んだように感じます。けれども、女性の側からすると、「言うべき時は言え」も「女は話すな」に劣らず難しい規範です。

むしろ、ただ黙っていればよかったものが、今度は「言うべき時」を見極めて、しかも、「身柄にあるまじきこと」を言わずに発言しなければならなくなったのですから。この意味で、「言うべき時は言え」も女性が発言するのを難しくしていると言えます。

このように明治時代の女訓書は、言葉づかいに女性国民の規範という枠組みを与え、さらに、「言うべき時は言え」という規範を生むことで、「女らしい話し方の規範」を女性の国民化と良妻賢母観で衣替えしたのです。

これまで見てきた言説が意味を持ったのは、どの時代にも、女性の話し方を管理することが、女性を支配するのに重要だと考えられてきたからでしょう。初期の女訓書には、話し方に規範を与えるのは、儒教思想や仏教の男尊女卑に基づいていることがはっきりと表れていました。けれども、女訓書が普及するにつれて、背景にあった男尊女卑の思想は薄れ、話し方のルールだけが女らしい「つつしみ」の表現として受け入れられていくようになります。そのため、規範に従わない言葉づかいをする女性は「つつしみのない女」となり、女性の話し方に枠をはめることが正当化されていったのです。

この後も、本書の中で少しずつ示していきますが、戦中期の修身教科書や戦後の作法書、そして、現代のマナー本まで、「女らしい話し方の規範」は、さまざまな社会変化に合わせて衣替えすることで、脈絡と継続していきます。

もちろん、どのような話し方が「良い話し方」なのか、その内容は時代によって異なります。けれども、「女はどれくらい、どのように話すべきか」というトピックは、驚くほど長期にわたって人々の興味関心をひきつけてきたのです。

現代でも有効な規範

女らしい話し方の規範は現代でも女性の発言に影響を与えています。二〇〇九年一一月に行われた事業仕分けでは、官僚と激しいやり取りをした蓮舫議員が注目を浴びました。最終日、一般にも公開された会場に意外な人物が現れました。七〇歳(当時)のロック・ミュージシャン、内田裕也です。彼はなぜ来たのか、新聞も取り上げました。(朝日新聞、二〇〇九年一一月二八日、電子版)

内田は「前半戦をテレビで見て『蓮舫ちゃん、おっかねぇな』『物の言い方が失礼だな』とカチンと来てな。……」と傍聴理由を説明。しかし、この日の蓮舫氏については「おしとやかだったな。声もかれてかわいそうな感じだったたな」と、感想を話した。

内田が来場したのは、蓮舫の発言内容ではなく「物の言い方」に「カチンと来た」からでした。女性の話し方に対する怒りは、内田にとってわざわざ会場に足を運ぶほど重大だったのです。そして、当日の蓮舫を「おしとやか」だと感じたのも、蓮舫が官僚を攻撃しなかったからではなく、「声もかれてかわいそうな感じだった」からです。

この例は、現在でも、女性の発言は、発言内容よりも、丁寧で女らしいか、つまり、女らしい話し方の規範に従っているかどうかで評価されることを示しています。同時にこの例は、女性は、必要なときには、女らしい話し方の規範を利用して、おしとやかな女性として立ち現れることができることも示しています。蓮舫が、自分の話し方に対する批判があることを知って、内田が会場に来た最終日に、より女らしい話し方に変更した可能性は十分考えられます。女らしい話し方の規範は、女性の発言を制限したり、あるいは、女性が女らしさを表現するときに利用するという二つの点で、現在でも女性の言葉づかいに影響を与えているのです。

日本に女らしい話し方の規範があるのは、「女はこのように話すべきだ」と語る言説の長い歴史があるからです。女性の話し方は、長期間「すべき」という規範の対象とされてきたのです。本章では、日本には、鎌倉時代から女性の話し方に関する規範の言説があったことを確認しました。次章では、江戸時代の女房詞に関する言説から、女らしい話し方の規範に起こった変化を見ていきましょう。

二章　ルールはどのように強化されるのか

序章で、女性たちが使ってきた言葉づかいは多様なので、多様な言葉づかいが自然にひとつの「女ことば」を形成することは考えにくいという疑問を呈しました。それでは、どのようにして特定の話し方が「女ことば」になったのでしょうか。本章と四章で、江戸時代と明治時代の二つの例を見ていきます。本章で取り上げるのは、現在でも「女ことば」の起源だと言われることのある女房詞《にょうぼうことば》です。

よろづの詞《ことば》におともじをつけてやはらかなるべし

苗村丈伯『女重宝記』元禄五（一六九二）年

これは、一章でも挙げた、元禄期に広く読まれた『女重宝記《おんなちょうほうき》』の中の一節です。女性は、どの言葉にも「お」と「もじ」をつけて柔らかに話すべきだと述べています。「お」と「もじ」とは、室町時代に宮中で働いていた女官(女房)たちが使い出した「女房詞」を指しています。なぜ、室町の女房詞が元禄の女訓書に登場したのでしょうか。

起源としての女房詞

女房詞がいつから使われていたのかは確定されていませんが、「女房ことば」という言葉が最初に使われたのは、『大上﨟御名《おおじょうろうおんな》之《の》事《こと》』です。一四世紀前半に成立した『とはずがたり』にも女房詞の「九献《くこん》(酒)」や「松(松茸)」が使われているので、一三世紀の終わりにはすでに使われていたと考えられています。

なぜ、女官たちが女房詞を使い始めたのか、その理由もさだかではありません。「女房」という特殊な集団が、特に食べ物や調理器具など身近なものに他の人とは違う言葉を使ったことから、「食べ物を直接表現することを避けたのでは」という婉曲説や、「仲間内で通じる言葉として作ったのではないか」という隠語説、また、「異なる階層や地域から来ていた女房たちがスムーズに意思疎通できるように考えられた」という共通語説などがあります。

女房詞の魅力は何よりその創造的な構成力にあります。言葉を変える、感覚に基づいた言葉を作る、漢語を避ける、という三つの型を順番に見ていきましょう。

言葉を変える構成法には、(一)一部を省略して「もじ」を接尾する。例「いもじ(いか)」「そもじ(そなた)」、(二)短縮する、次第に「お」を接頭するのが一般的となる。例「まん、おまん(饅頭)」、また、語頭が母音・ハの音ではじまる語には「おみ」をつける。例「おみあし(足)」、(三)短縮して重ねる。例「かうかう(香《こう》の物)」、(四)漢字・漢語を基として、音読み・訓読みする。例「くこん(酒)」の四種類があります。

驚いたことに、女房詞の構成法は、外国語にも適用されていました。(一)の一部を省略して「もじ」を接尾する例で、ロドリゲスが編纂した『日本大文典』(一六〇四〜〇八年)に、ポルトガル語の「ぱあてれ(神父)」が「ぱ文字《もじ》」となると記されています。女性たちの創造性に目を見張ります。

感覚に基づいた言葉には、(一)触覚・味覚に基づく語。例「おひやし・おひや(水)」「やわやわ(吉野紙)」、(二)視覚に基づく語には、形にかかわるもの。例「おひら(鯛)」、色に関わるもの。例「しろもの(塩)」「おあか(小豆)」、(三)聴覚・音に基づく語。例「ぞろ、ぞろぞろ(素麺)」の三種類があります。

最後に、漢語を避ける例には、「さわやま(沢山)」「ひのこと(火事)」があります。そのほか、古語(「うちまき(米)」)や故事にちなんだ命名もあり、女房たちがさまざまな知識を駆使して新しい言葉を創造していたことが分かります。

女房詞は宮中から将軍家へ、さらに近世には、お屋敷から町人を経て一般へと普及しました。すでに『海人藻芥《あまのもくず》』(応永二七＝一四二〇)に、「近此《ちかごろ》ハ将軍家ニモ。女房達皆異名ヲ申スト云々。」とあり、一五世紀には宮中から将軍家の女性に普及していたことが分かります。

女房詞への憧れ

女房詞の一般への普及に一役買ったのが、武家屋敷に奉公した町人の娘たちです。一般の人たちに知られるようになるにつれ、その名称も、「女中言葉」「もじ詞《ことば》」「屋敷言葉」「御所言葉」「大和詞」と増えていきました。江戸時代のメディアともいえる「笑話集」「狂言」「戯作」にも、女房詞が使われています。メディアは女房詞にどのような価値を与えたのでしょうか。

江戸の風俗小説と呼ばれる『世間娘容気《むすめかたぎ》』(享保二＝一七一七)には、御所奉公ののちに町人の妻になった女性の話が載っています。この妻は、「同じ油火《あぶらび》も松明《しょうめい》すゝむるといひ、一文菜《いちもんさい》の鰯《いわし》をおむらさきのおぼそのと、……物毎《ものごと》やさしく、糠味噌《ぬかみそ》迄も酒塵《ささじん》と見るを見まねに弟子《でし》小童《こわろ》まで言葉あらたまり、亭主が片言《かたこと》も女房を恥ぢて大方《おおかた》の事はいはずに暮らし」と言われています。

妻が、「油火をともす」を「松明すすむ」と言い、値段の安い「いわし」も「おむらさき」だの「おぼそ」と呼び、「ぬかみそ」まで「ささじん」と御所ことばを使って上品に言うので、弟子や子どもまで真似をして「言葉があらたまった」が、亭主は自分の下品な口調を恥ずかしく思い、たいていのことはものを言わないで過ごした、というのです。

ここで例に挙がっている「おむらさき」「おぼそ」「ささじん」は、御所ことばと呼ばれていますが、女房詞と同じものです。つまり、この話では、女房詞は御所という社会階級と結びつけられており、女性に限らず町人・弟子・子どももまねをする「高い地位の言葉」として描かれているのです。

式亭三馬の笑い

式亭三馬の『四十八癖』（文化八＝一八一一）には、町人の妻が去年まで屋敷奉公をしていた二人の娘（「お冬どん」と「お秋どん」）に語りかける場面があります。妻は、「鮓《すし》はすもじといふから、生姜《しょうが》はしよがもじ、釘《くぎ》は大かたおくもじだらうと思つた。あだ名のねへ物へは、やつたらむしやうに〔やたらむやみに〕おの字を付けて、もじもじとさへいへば、能《い》いかと思つた。」と言っています。

「すし」を「すもじ」というのだから、「しょうが」は「しょがもじ」で、「釘」は「おくもじ」だと思った、と言いながら、やたらむやみに「お」と「もじ」をつけて上品ぶる屋敷ことばを笑い飛ばしています。『世間娘容気』の亭主が「片言も女房を恥ぢて大方の事はいはずに暮らし」たのとは対照的に、屋敷ことばを使えないことをおおっぴらにして恥じていません。しかも、「ノウお秋どん、お冬どんも最《も》う半年過ぎると、すつぱりと町にならうが、口癖《くちぐせ》になつたからなほらねへ」では、半年もたてば町人ことばになると言っています。ここには、町人ことばに対する誇りさえがうかがえます。

この妻にとって、屋敷と町は別の世界であり、屋敷ことばはあくまで屋敷階級の言葉であって、女だからといって町人が使わなければならないものではないのです。

同じ式亭三馬の『浮世風呂』(文化六〜一〇＝一八〇九〜一三)では、風呂に来た「下女」が、「なんの、しやらツくせへ。お髪《ぐし》だの、へつたくれのと、そんな遊《あそば》せ詞《ことば》は見ツとむねへ。ひらつたく髪《かみ》と云《いい》なナ。おらアきつい嫌《きれえ》だア。」と、奉公先で髪を「お髪《ぐし》」などと言わされることを嘆いています。ここで「お髪」は、「遊せ詞」と呼ばれていますが、これも女房詞のひとつです。

「下女」が嘆いているのは、「遊せ詞」は自分が使いなれていることばではないので、使っていると気がめいってしまうからなのです。「奉公だから云《い》ふ形《なり》になつて、おまへさまお持仏《じぶつ》さま、左様然者《さようしからば》を云《いっ》て居《い》るけれど、貧乏世帯《びんぼうじょてえ》を持つちやア入《い》らねへ詞《ことば》だ。せめて、湯へでも来た時は持前《もちめえ》の詞《ことば》をつかはねへじやア、気が竭《つき》らアナ〔気がつまる〕。」「貧乏世帯《びんぼうじょてえ》を持つちやア入《い》らねへ詞《ことば》だ」では、屋敷世界と貧乏所帯の世界が言葉によってはっきり区別されています。だからこそ、「奉公だから云《い》ふ形《なり》になつて」別世界の遊せ詞を使わなければならない悲哀があふれているのです。ここでも、女房詞は屋敷という社会階級の言葉であり、女であっても「下女」にとっては使うことも苦痛な言葉なのです。

この例は、女房詞は、女性が本来ものごとを直接言わないようにする女らしさを持っているから使われるようになったのだ、という主張を退けます。たとえば、国語学者の長尾正憲が昭和一八(一九四三)年に書いた『女性と言葉』は、女ことばの起源やその伝統について非常にはっきりとした立場で論じているもので、本書でもしばしば参照していきますが、その中で、女房詞は、「女性がその本来の性格の中に持つ、ものを直接に指して、露骨に性情をあらわさない……ということに基づく部分が大である」と述べています。

けれども、もし女房詞が、女性が生来婉曲的な表現を好むから使われるようになったのだとしたら、女房詞を使いたくない「下女」は女性ではないことになってしまいます。むしろ、「下女」にとっての女房詞は、屋敷で奉公するための言葉だったと考えるべきでしょう。

男も使う

女房詞が高い階級のことばとして認識されていたことは、狂言の「御冷《おひやし》」にも見られます。「御冷」では、男主人（アド）が「水を汲む」のかわりに「お冷しを掬《むす》ぶ」という女房詞を使って、太郎冠者（シテ）に笑われています。（野々村戒三・安藤常次郎編『狂言集成』一九七四年）

アド「あれへいてお冷しを掬《むす》んで来い。」
シテ「何がどうぢやと仰せらるる。」
アド「いや。あの滝のお冷しを掬んで来いと言ふ事ぢや。」
シテ「あの滝の水を汲んで来いと仰せらるゝ事か。」
アド「中々。」
シテ「水ならば水汲むでよい事を。お冷しを掬べ。」ト言うて笑ふ。
アド「それは汝が何も知らぬに依つてぢや。皆上々《うえうえ》内裏方の上﨟《じょうろう》達は。お冷しを掬ぶとこそ仰せられて。水を汲むなどとは仰せられぬ。そちも今から言ひならへ。」
シテ「尤《もっと》も上々の上臈達や稚児若衆などは。お冷しとも掬ぶとも仰せられうが。お前の様な大きな口からお冷しを掬べ。」ト言うて笑ふ。

ここでは、主人も太郎冠者も「男は女房詞を使ってはいけない」とは考えていません。主人は、「皆上々《うえうえ》内裏方の上臈《じょうろう》達」、つまり、宮中の女官たちは、「お冷しを掬ぶとおっしゃり、水を汲むなどとは言わない。お前も今からそう言え」と言って、男の太郎冠者にも女房詞を使うことをすすめています。

太郎冠者も「お前の様な大きな口からお冷し掬べ」と「上品な人間でもないのに」女房詞を使うことを笑っているのであって、男だからおかしいとは言っていないのです。

落語の祖とも呼ばれる安楽庵策伝の編んだ笑話集『醒睡笑《せいすいしょう》』(寛永五＝一六二八)では、織田信長や下男が女房詞を使っています。読者のみなさんには、笑い話のどこがおもしろいか分かるでしょうか。最初は、信長の話です。

信長公が、あるとき東寺《とうじ》の近くを通行された。馬上で、こくりこくりとよく寝入っておられるのを、沼の藤六がお起こし申すと、「ここはどこだ」とおたずねになった。「右手は六条、前は東福寺でございます」とお答えすると、「ああ、あの白壁か」と言われた。

豆腐を女房詞では、「おかべ」や「白壁」といいます。この話は、信長が東福寺を「豆腐食う寺」としゃれたところが笑いどころです。信長も女房詞の「白壁」を使っています。次は、下男の話です。

はじめて下男奉公に出た男が、何を言うにも、お殿様、お若様、おかみ様とむやみに「お」を付ける。主人が、「やたらにおの字を付けるものではない。聞きにくい」と叱った。そのあとで、男は主人の食事の給仕をしていて、主人の髯《ひげ》に米粒がついたのを見て、「殿様のとがいに、だいつぶが付いた」と言った。

これは、前の話よりも高度な笑い話です。「殿様のとがい」の「とがい」ですが、この時代にあごを表すことばは「おとがい」でした。しかし、「おとがい」全体であごを指しているのであって、「お」は接頭辞の「お」ではありません。それにもかかわらず、下男は「おとがい」の「お」まで抜いてしまいました。また、「だいつぶ」は、女房詞でご飯を表す「おだい」の「お」を抜かし、しかも念入りに「つぶ」を添えて言ったところがおかしいのです。ここでも、男の下男が女房詞の「だいつぶ」を使っています。

このように、江戸メディアは、女房詞を「女の言葉」ではなく御所やお屋敷など高い階級のことばとして利用していました。私たちは、女房詞というと、はじめから女性と結びつけられていたと考えがちです。現代の辞書にも、たとえば、二〇〇八年の『広辞苑』第六版には、「女性」の項目中の【女性語】に、「特に室町時代以降の女房詞・遊女語などで顕著に見られた」とあり、女房詞が女ことばの例として言及されています。けれども、江戸時代には、同じ一群の語が「御所言葉」や「屋敷言葉」と呼ばれて、階級と結びつけられていたのです。

「男は使うな」

ところが同じころ、男が女房詞を使うことを禁止する言説が現れ始めます。先に見た笑話集『醒睡笑』には、侍が「おかべ(豆腐)の汁だの、おかべの菜《さい》だのと」女房詞を使ったので「さやうのことばは、女房衆の使うものだ」と主人に叱られる話が載っています。

それで使わなくなったが、あるとき奥方のお供をして他所での接待に行った帰り、主人から座敷の模様をきかれると、「朝飯のとき、囃《はや》しがござった」と話した。「では謡《うたい》は何と何であったか」とたずねられ、「しっかり存じませぬ。何しろ、とうふ越しにうけたまわって居りましたので」と答えた。

この話の笑いどころは、もうお分かりですね。女房詞では豆腐を「かべ」といったので、この侍は、豆腐の汁を「おかべのしる」、豆腐の菜を「おかべのさい」と言っていました。ところが、「そんな言葉は女房たちの使うものだ」と主人に怒られたので、「壁越しに」の「壁」まで「とうふ」と直してしまったのです。

この話の注目点は、主人が、「侍は女房詞を使うべきではない」と明言しているところです。『籠耳』(貞享四＝一六八七)にも、侍や町人の立派な人が「女詞《ことば》」を言うのは聞いていやなものだとあります。「又詞《ことば》にも、女ことバあり。わきまへずして侍町人《さぶらいまちにん》見さまよき人の、女詞《ことば》いへるハ、きゝにくきもの也。」

そして、立派な侍や町人が使うべきでない「女詞」の例として「おなか、ひもじ、かもし、おつけ、おこわ、あかのめし、よごし、きなこ」を挙げています。「あるひハ腹《はら》をおなか、卑《ひ》随涙《だるい》をひもじ、髪《かみ》をかもし、汁《しる》をおつけ、強飯《ごうはん》をおこわ、赤飯《せきはん》をあかのめし、あへ物をよごし、豆粉《まめのこ》をきなこといふたぐひ、いかほども有べし。たしなむべき事也。」

すぐ分かるように、ここで「女詞」と呼ばれているのは、女房詞です。立派な侍や町人が女房詞を使うべきでないと言っているのです。そして、男性が使うべきでないと言うときには、これらの語を、これまで使われていた「御所言葉」「屋敷言葉」「遊ばせことば」ではなく、「女詞」と「女」を強調する名称で呼んでいます。

このあたりから女房詞が、社会階級よりも「女」に結びつけられていったことが分かります。

男は女房詞を使うべきでないと言われ始めたのに並行して、女房詞を列挙した女訓書が多数現れました。

女房詞と女訓書

早い時期の例として、一章でも紹介した『婦人養草』があります。『婦人養草』には、「女中のつかふ詞を部をわかちここにのべ侍ふ」(女性の使うべき言葉を分類して述べます)として「女中詞」一二一語が掲載されています。「女中」とは、女性一般を指すことばです。

その中には、「米ハ　うちまき」「めしハ　ぐ御」「味噌ハ　むし」「酒ハ　くこんと又さゝ」「まんちうハ　まん」「なすびハ　なす」「いわしハ　おむら」「しやくしハ　しやもじ」のように、一般的な言葉と対応させた、たくさんの女房詞が含まれていました。

『婦人養草』の多くを受け継いでいるのが『女重宝記』です。本章の冒頭に示したように、女性はどの言葉にも「お」と「もじ」をつけて柔らかに話せと言い、たくさんの女房詞を挙げています(図参照)。

以降、女の使うべき具体的な語を列挙した多くの女訓書が出されます。その中には、三〇〇

『女重宝記　一之巻』女中万たしなみの巻「女ことばづかひ付たり御所大和詞祝言いみ詞」
図中の文字は右から左へ：小そで(袖)，おもじ(帯)，よるの物(夜着)，かてう(蚊帳)，わた(綿)，くご(飯)，おざつし(鼻紙)，おひや(水)，こがらし(連木)，しやもじ(杓子)，するする(スルメ)，せきもり(笊籬)，むし(味噌)，うぐひす(切匙)，九こん(酒)，ぞろ(素麺)，やきぶき(鮒)，たもじ(蛸)，うちまち(米)，から物(大根)，くろ(鍋)，くろ(釜).

語以上を列挙している『女中詞』(元禄五＝一六九二)、『女中言葉』(正徳二＝一七一二)、『諸礼叢』(享保七＝一七二二)や、六〇～九〇語近くを列挙している『女今川梅花文庫』(安永五＝一七七六)、『女大学宝文庫』(天保二＝一八三一)、『女万歳宝文庫』(天保八＝一八三七)、『新増 女諸礼綾錦』(天保一二＝一八四一)がありました。

これらの女訓書は、列挙している女房詞を「女中詞」「大和言葉」「女言葉」「女中言葉づかひ」「女中大和言葉」と呼んでいます。どれも、「女、女中」や、女性が使うべきでないと言われていた漢語と対比される「大和言葉」が含まれる名称です。

つまりこれらの女訓書は、女房詞を社会的地位と結びつけるのではなく、女性と結びつけているのです。その結果、高い階級だけの規範だった女房詞が、女性全般の規範になってしまいました。

女房たちの創造性

一章で見たように、女訓書とは女性の「あるべき」ふるまいを教える書物です。その中に、たくさんの女房詞が列挙されたという事実は、何を表しているのでしょうか。それは、それまでも女訓書が言及していた「女らしい話し方の規範」が具体的な語彙と結びつくことによって、より強固になったということです。

それまでの女訓書は、「しゃべりすぎるな」「悪口やうわさ話をするな」「大声を出して笑うな」のように、話し方全体のようすや話す内容に関する教訓を述べていました。けれども、ここで挙げた女訓書は、もっと具体的に、女性が使うべき語彙を列挙しています。女性が女らしく話すために使わなければならない具体的な言葉を示しているのです。

ここで重要なのは、女房詞を女と結びつけたのは、女たち自身ではなく女訓書という女の言葉づかいに「ついて語る」言説だったという点です。

これは、「どのようにして、多様な女性の言葉づかいが女ことばとしてまとめられたのか」という本章の問いに、ひとつの興味深い答えを示しています。それは、言説は、女性が創造した言葉づかいを取り込むことで、「女ことば」をつくっていくということです。江戸時代の女訓書は、女房たちが創造した女房詞を具体例として取り込むことで、「女らしい話し方の規範」を補強しました。それは、多様な女性の言葉づかいから取捨選択したものを、女ことばとしてまとめあげるプロセスとでも呼べるものです。

その結果、女たち自身が使い始めたはずの女房詞が、規範として女性の言語行為を支配するようになってしまいました。「ぱ文字」の例が示していたような、女房たちの豊かな創造性が、

「男女は異なる話し方をするべき」という性別規範に利用されてしまったのです。

本章では、「女ことば」のうちの「女らしい話し方」という規範が、女房たちが創造した女房詞を取り込むことでさらに強固になっていった過程を確認しました。四章では、似た過程が、明治時代に女子学生によって創造された女学生ことばにも観察されることを見ていきます。その前に、次章では、明治時代の国語と女性の関係について見ていきましょう。

第2部

「国語」の登場

知識としての女ことば

女ことばと男ことばには、興味深い違いがあります。それは、女ことばが女性の標準的な言葉づかいだとみなされているのに、男ことばは、男性でも特別なときにだけ使う言葉だと考えられている点です。標準語を話す大人の女性の場合は、女ことばを使うのが普通だと考えられています。けれども、大人の男性の場合は、男ことばよりも、まずは標準語を話すことが予想されます。なぜでしょう？

それは、男ことばが特殊な男らしさと結びついているからだと考えられます。「行くぜ！」や「行くぞ！」という言い回しは、典型的にはスポーツやけんか、戦争の場面に多く見られます。男ことばは、スポーツやけんか、戦争に付随する暴力性、攻撃性など、力や肉体性が強調された男らしさと結びついているのです。

なぜ、女ことばと男ことばにはこのような違いが生まれたのでしょうか。明治時代にさかのぼって明らかにしていきましょう。

三章　男ことばの特別な男らしさ

そこで日本の話言葉を一つにしようといふには目安言葉《めやすことば》（標準語）を定めねばならぬ　目安言葉とするには田舎の言葉は採《と》られぬ都《みやこ》の言葉でなければなるまい　都といへば東京か西京かであるが西京言葉は女にはよいけれども男には弱く聞えていけない……東京言葉を基《もとい》として訛《なま》りを直して各地方の多くの人が遣つて居るものを斟酌《しんしゃく》して定めたならば目安言葉が出来るであらう

大槻文彦「日本方言の分布区域」『風俗画報』三一八号、明治三八（一九〇五）年

国語学者の大槻文彦は、日本初の近代的国語辞典『言海』（一八八六年成立）の編纂で知られる人物です。その大槻が、明治三八（一九〇五）年に上野女学校で講話を行い、国語の目安言葉（標準語）の基準について話しました。大槻は、京都語ではなく東京語を基準として採用すると言

っています。そして、その理由として、「西京言葉は女にはよいけれども男には弱く聞えていけない」、つまり、京都語は男が使うと弱々しく聞こえるからだと述べているのです。

これは、日本の国語を定めたときに、国語の話し手として想定されていたのが男性国民であったことを示しています。「国語を定める」などと言うと、日本語は日本人が話してきたことで自然にできたと考えていた方は驚かれるかもしれません。そこで、まずは「国語」という概念の成立から見ていきたいと思います。

国語イデオロギー

開国当時の日本では、知識人が使う漢文体をはじめとする和文・候文などのさまざまな書き言葉と、それとはかけ離れたさまざまな地域の話し言葉が使われていました。今では考えられませんが、薩摩と江戸の人が話そうとしてもスムーズに理解しにくかったそうです。

このような状況の中で、流入する欧米諸国の技術・知識を広く普及させるためには、書き言葉と話し言葉を一致させる必要があるという言文一致論が生まれました。「言文一致」とは、話し言葉（言）に基づいた、もっとやさしい書き言葉（文）を考え出して、広く国民に行きわたらせ、近代化を促進しようとする考え方を指します。

けれども、言文一致は知識の普及という目的だけで進められたわけではありません。より重要な目的は、「ひとつの国語」を制定することで、人々に「ひとつの国家」の「国民」であるという意識を持ってもらうことでした。江戸時代の人々は、自分たちは藩に属していると考えていたでしょう。けれども、「日本」という「国家」を形成するためには、その人たちに、自分は「日本」という国の「国民」だと認識してもらわなければなりません。「国家―国民―国語」のつながりを作り出すことによって「ひとつの国」意識をも作り出すのです。

国語の制定は、国民化にとっても重要でした。社会言語学者で日本研究者でもあるF・クルマスは、「国民、国家、国語の自然な統合というイデオロギーは、フランス革命以来最も成功した西洋の政治イデオロギーである」と指摘しています（*What are National Language Good For?* 1988）。政治学者のベネディクト・アンダーソンの用語を使えば、同じ国語を共有するひとつの国民という幻想が、国家という「想像の共同体」を支えるのです。

国というものが最初からあって、国民というものも他の国の人から明確に区別されていて、その国民が話す国語というものが最初からあったわけではないのです。むしろ、国家、国民、国語が一致しているという思い込みが、近代国家の形成にはとても大切なのです。

クルマスは「西洋の政治イデオロギー」と言っていますが、明治の日本にも西洋のイデオロギーは入っていました。日本の国語形成に大きな役割を果したのは、ドイツ留学から帰国した、のちの東京帝国大学教授上田《うえだ》万年《かずとし》です。

上田は、日清戦争開戦の明治二七(一八九四)年に行った講演「国語と国家と」において、「言語はこれを話す人民に取りては、恰《あたか》も其血液が肉体上の同胞を示すが如く、精神上の同胞を示すものにして、之を日本国語にたとへていへば、日本語は日本人の精神的血液なりといふべし。」と宣言しました(『明治文学全集44』一九六八年)。

これは、今から読んでも実にうまいたとえです。上田は、国語を血液にたとえました。私たちには「国語」という同じ血液が通っているんだと宣言することで、日本中に散らばっている人に、日本という同じ国の国民だと実感してもらおうとしたのです。

明治三四(一九〇一)年には、帝国教育会内に設置された言文一致会の「言文一致の実行に就ての請願」が貴族院・衆議院に提出されます。請願は、「凡そ国語の独立普及発達は国家の統一を固くして国勢の伸張を助け国運の進歩を速かにする第一の方法であってそれには言語と文章を一致させねばならぬこと、信じます。」で始まっています(吉田澄夫・井之口有一編『明治以降国語問題論集』一九六四年。以下、吉田・井之口編『論集』と略)。

この請願には、言文一致がいかに国家の問題として考えられていたかがよく表れています。

言文一致によって国語を発達させることが、国家、国勢、国運にとってとても大事なことだと言っているのです。

この請願に対応して、文部省は明治三五(一九〇二)年に、上田を委員長とする国語調査委員会を設置し、以降この委員会が言語政策に大きな役割を果たしていきます。

東京基準の標準語

「標準語」とは、この国語を具体化するために必要な概念でした。話し言葉に基づいた書き言葉を考えるという場合、どの話し言葉を標準にするかが問題になります。候補に挙がったのが、東京語でした。

作家の山田美妙《やまだびみょう》は明治二一(一八八八)年の「言文一致論概略」で「大阪の「さかい」や奥州の「なす」や又は長崎の「ばッてん」などは、……普通の言葉とは言えますまい。」が、「何処でも此《この》東京語が不十分ながらも通用せぬ処《ところ》は殆《ほとん》ど無い」と、東京語を標準語とすることを主張しました(吉田・井之口編『論集』所収)。

ここで興味深いのは、標準語を東京語にするべきだと言うために、大阪、奥州、長崎のことばは「普通でない」と言っている点です。これは地域語(いわゆる方言)の否定です。東京語を標準語の基準にするために、地域語が否定されています。標準語が、それと区別され否定された「方言」を設定することで成立しています。

序章で、言語イデオロギーは「体系だ」と言いました。ここでは、「標準語＝東京語」／「方言」という体系的区別が作られ、両者を区別することで、両方が理念として成立するようになっています。劣ったイメージを伴った、いわゆる「方言」が誕生したのは、標準語が制定されたときだったのです。

上田万年も明治二八（一八九五）年の「標準語に就きて」において、「予は此点に就ては、現今の東京語が他日其名誉を享有すべき資格を供ふる者なりと確信す。たゞし、東京語といへば或る一部の人は直に東京の「ベランメー」言葉の様に思ふべけれども決してさにあらず、予の云ふ東京語とは、教育ある東京人の話すことばと云ふ義なり。」と言っています（前掲『論集』所収）。

東京語もいろいろ

上田も山田美妙と同じように、東京語を標準語にするべきだと言っているのですが、「教育ある東京人の話すことば」と、さらに細かく定義しています。山田は地域語を否定していましたが、上田は、東京の中でも下町のべらんめえ調を否定しています。

結局、非常に狭い「教育ある東京人」の言葉、つまり自分たちの言葉を標準語にし、この標準語を使って法律も契約書も、新聞も書くようにしようという提案ですから、非常に権力的な発想です。現在すでに権力を持っている人が自分たちの言葉づかいをそのまま標準語にしようとしたのです。

けれども、教育ある東京人も、いろいろな話し言葉を使っていました。当時東京で勉強していた人の多くは、東京以外の地域から上京してきた人たちでした。

近代日本語研究の田中章夫も『東京語――その成立と展開』(一九八三)で、明治初期の東京では、「旧来の江戸の住人のほか、新しく住みついた人々も加わって、かなり雑多なことばが行われていた」と推測しています。

多様な話し言葉という現実は、国語の創生を求める人たちに、標準語を「制定する」必要を痛感させました。上田万年は、明治二八(一八九五)年には、「教育ある東京人の話すことば」も「一国の標準語となるには、今少し彫琢を要すべければなり」と述べていました。「教育ある東京人の話すことば」を少し磨けば、標準語になるという予想です。ところが、明治三三(一九〇〇)年の「内地雑居後に於ける語学問題」という論文では、「一度之を模範語として後に、保護せよ、彫琢せよ」と、まずは標準語を制定するべきだという意見に転換しているのです。

上田が制定を優先させた理由は、東京で話されていることばがあまりにも多様で、人々の努力による標準語の自然な成立を望むことが不可能だと判断したからです。社会言語学者のイ・ヨンスクは、「国語」の成立過程を明らかにした『「国語」という思想』(一九九六)の中で、前述のような上田の転換は、そもそも「標準語」というものが、「〈上から〉の標準語制定によって」しか成立し得ないものであることを証明していると指摘しています。

「国語」とは、実際に話されていることばではなく、これまで紹介してきたような国語学者の提言する言語政策や言語教育の言説を通じてのみ再生産される「言語イデオロギー」、すなわち、日本語をめぐる規範・知識・価値からなる理念なのです。

言文一致論争の不思議

言文一致に関しては、江戸末期から明治・大正・昭和を通じて長期にわたって言文一致運動や言文一致論争が展開され、膨大な資料が保存されています。それらの資料から言文一致論争におけるさまざまな主張を読み進むうちに、私は二つの奇妙な事実に気づきました。一つは、これほど長期にわたる国家規模の論争が続いたにもかかわらず、男女の言葉づかいの違いに関する発言がほとんど見られない点です。

上田万年や山田美妙の議論でも見たように、標準語の制定に関しては、社会階層や地域による言葉づかいの違いが大いに議論に上っています。書き言葉と話し言葉の違い、あるいは、俗語や方言が、ひとつの国語を制定して国民国家を形成する弊害だとみなされていたのに、なぜ男女の言葉づかいの違いだけが問題にならなかったのでしょうか。

二つめは、言文一致主義者の多くが良妻賢母主義の主唱者でもあったという事実です。一章で見たように、良妻賢母主義の女訓書が女の言葉づかいについて与えている教訓は、江戸時代の女訓書とほとんど変わらない内容でした。良妻賢母主義に賛同するということは、女性に女訓書の規範に従った言葉づかいを奨励するということです。つまり、国語の話し手に、性によって異なる言葉づかいを強制することです。ひとつの国語を制定しようとしていた言文一致論者が、なぜ、国民の半分である女性に異なる言葉づかいを求める良妻賢母主義を、同時に支持することが可能だったのでしょうか。

この矛盾を最も端的に表しているのが、中川小十郎と正木政吉による「男女ノ文体ヲ一ニスル方法」(明治二一＝一八八八)という論文の主張と、その後の彼らの行動です。

この論文は、明治一九(一八八六)年、大日本教育会の機関誌『大日本教育会雑誌』で文部大臣の森有礼が募集した懸賞論文に当選したものです。この団体は、言文一致の請願を提出した帝国教育会の前身ですので、懸賞論文を募集した趣旨も言文一致の推進であることは明らかです。

男女の話し言葉は異ならない?!

中川と正木の「男女ノ文体ヲ一ニスル方法」の主張は、次のようなものです。まず、当時の男女の書き言葉は、互いに理解できないほど異なっているが、それは、女が和文、男が漢文という、異なる書き言葉の教育を受けているからだと指摘しました。

そこで、男女の文体を同じにするには何をするべきかというと、「言文一致ノ主義」による教育を行うべきだと主張しています。なぜならば、「筆述ハ話声ノ代表者ニシテ、作文ハ言語ヲ写シ出スノ術ヲ教ユルモノ」だからです。ここで「言語」と呼ばれているものは、「作文」と対比される「話声」、すなわち、話し言葉を指します。つまり、「作文は、話し言葉を写し出す方法を教えるべきだ」と言っているのです。

言文一致主義によれば、話し言葉と書き言葉は一致しているのだから、作文の授業では、和文や漢文を教えるのではなく、話し言葉をそのまま書く方法を教えればよいと言っているのです。つまり中川・正木論文は、男女が通常用いている話し言葉で書けば、書き言葉もひとつになると主張しています。裏を返せば、中川と正木の主張は、男女の話し言葉は異なっていないことを前提としていることになります。

けれども、中川・正木論文が書かれた明治二〇年前後には、男女の話し言葉が異なっているという認識があったことは、いくつかの資料から明らかです。一章で中江兆民の論文「婦人改良の一策」(一八八八)を紹介しましたが、兆民は、その同じ論文で「看《み》よ世界万国、男子日用の言葉と、女人日用の言葉と相ひ懸隔すること、我日本国程甚しきは有《あ》らず」、つまり、男女の話し言葉が日本語ほど異なる言語はない、とも述べています。にもかかわらず、男女に言葉の違いがないことを前提にした中川と正木の論文が、言文一致を推進する懸賞論文に当選しているのです。

また、中川と正木が懸賞論文に当選したあとの行動も、言文一致主義者の多くが良妻賢母主義の主唱者であったことを証明しています。

中川と正木は懸賞金で他の四名の言文一致論者とともに雑誌を刊行します。その発行趣旨は、「この頃正にその頂点に達していた欧化主義に対して、国民的の是正反省を促さんがために、先づ婦人問題をとらえて、世の注意を喚起せんとする」にありました。「日本的な温良優雅な淑女」を意味する『いらつめ』と名づけられたその雑誌は、良妻賢母主義と言文一致という二つの目的のために発刊されたのです（山本正秀『近代文体発生の史的研究』一九六五年）。

このように、中川と正木の論文は、当時の言文一致論が、男女の言葉づかいの違いを取り上げなかっただけでなく、良妻賢母主義を支持していたことを明確に示しています。

もうひとつの例は、本章の冒頭でも取り上げた、明治三八（一九〇五）年に大槻文彦が上野女学校で行った講話（「日本方言の分布区域」）の別の部分です。

講話の内容は、「国中の話言葉を同じにする（言文一致）」ために方言を調査した結果を網羅的に紹介しているのですが、「国中の話言葉を同じにする」という主張の講話を女学校で行っているにもかかわらず、言葉づかいの性差にはまったく言及していません。唯一女の言葉づかいに触れている箇所では、女子学生の言葉づかいを批判して女訓書の「つつしみ」を求めているのです。

今女学校で流行る「よくってよ」などいふ言葉も聞きにくい　維新前の将軍大名の奥向、徳川の旗下の婦人などの言葉は上品なものでありました　婦人の言葉は其人の品格にか、はるから女の言葉遣ひは慎まねばなりませぬひとつの国語が国民国家建設にとって不可欠であると考えていた言文一致論者が、男女の言葉づかいの違いを問題にしなかっただけでなく、むしろ、男女は異なる言葉づかいをするべきだと考えていたのです。

明治の知識人は、一方で「ひとつの国語」により日本の近代化を促進し、他方では、女性には「言葉づかいを慎む」ことを求めたのです。彼らは、なぜ、女という国民の半分に異なる言葉づかいを強制することと、ひとつの国語の制定を主張することの矛盾に気づかなかったのでしょうか。

「男の国語」

その答えは、「標準語」に関する議論の中に見出すことができます。方言研究でも知られる国語学者の岡野《おかの》久胤《ひさたね》は、明治三五(一九〇二)年に『言語学雑誌』に書いた「標準語に就《つい》て」において、言文一致は東京語を採用するとしています。

けれども、東京語にも「階級、職業、年齢、男女等によって言語の相違あることは著しいもので」あるため、「斯《か》く差違ある言語中の、言文一致の採るべき標準語は孰《いず》れなりやと言へば、比東京の各社会一般に通用する言語、即ち中流社会の男子の言語を採るのである。」と言っています。

岡野が東京語を標準語としたのは、山田美妙や上田万年がすでに東京語を標準語とすることを主張していたからでしょう。むしろ、岡野の特徴は、「中流社会の男子の言語」と「男子」を明記している点にあります。

けれども、「中流社会の男子の言語」を標準語にするという主張が、岡野独自のものだとは考えられません。むしろ、その前の文章で「男女等によって言語の相違あることは著しい」とあるように、岡野は言葉の性差について意識的であったので、他の研究者にとってはあまりにも自明な「男子」を特に言語化したのでしょう。

もうひとつ、標準語の基準は男の言語であると考えられていたことを示す資料は、本章の冒頭に挙げた、「京都語は男が使うには弱々しいから東京語を採用する」という大槻文彦の講話です。大槻は、明治四二(一九〇九)年、やはり国語学者の臼田寿恵吉の『日本口語法精義』に寄せた「序」にも、まったく同様の見解を述べています。

口語の標準を何と定むべき、辺鄙の方言、採るべきにあらず、東京語なるべきか、京都語

> なるべきか、されど、京都語は、男子の語としては、柔弱に聞え、発音に抑揚多くして、兵隊の号令訓諭、法官の罪人糺問、電話の通話などに適せず、東京語の率直明晰なるに若《し》かず……

ここでも、京都語は「男子の語としては、柔弱に聞え」るから、標準語は東京語を採用すべきだと言っています。

これは、言文一致論争が、「国語の話し手は男性国民だ」という前提に基づいていたことを示しています。だからこそ、大概にとっては、一方で言文一致を推奨し、もう一方では女に女訓書のつつしみを求めるということが、何の違和感もなく共存していたのです。明治の知識人が、男女に違う話し方を要求することを矛盾だと考えなかったのは、言文一致が「男の国語」の創生を目指していたからなのです。

国語の隠れた男性性

実は、膨大な言文一致論争の資料の中で「国語の話し手は男性だ」とはっきり述べているのは、私の知る限り、右に挙げた三つの例だけです。ここにも、男子を国語の話し手に想定することが、当たり前だったことが表れています。あまりにも当たり前だったので、多くの論者がわざわざ言及しなかったのでしょう。

その背景には、明治の国民化が、ジェンダー化されていたという事実があります。「ジェンダー化」とは、さまざまな社会的カテゴリー（知識、技術、職業や、言語を含む文化的要素など）が性別によって区別され、その区別が両者の不均等な権力関係として編成されていく過程を指します。たとえば、以下で見るのは、女性性（女らしさ）や男性性（男らしさ）と結びついた言葉が、単に性別によって区別されているだけではなく、男性性と結びついた言葉が〈標準・中心〉となり、女性性と結びついた言葉が〈例外・周縁〉となる過程です。

明治の国民化にも、ジェンダー化が観察されます。明治期の国民化では、男性国民には労働力・兵力としての役割が期待され、女性国民には男性国民の扶助と次代の国民の育成という「妻・母」の役割が割り当てられていました。明治六（一八七三）年に発布された徴兵令は、二〇歳以上の男子のみを対象にしていました。国家のために戦う名誉を与えられたのは、男性国民だけだったのです。

また、明治二二（一八八九）年に発布された大日本帝国憲法の下、選挙権は男のみに与えられ、民法（明治三一＝一八九八年施行）は、男子家長には財産・相続から離婚・子どもの結婚にわたる絶対的権力を保証する一方で、女は財産権のない「法的無能者」とされました。「ジェンダー化された国民化」は、「国家の第一の担い手としての男」と「第二の担い手としての女」を分化することによって、近代国家の建設を推進したのです。そして、第一の国民が男性国民であると想定されていた状況の中で、国語の第一の話し手は男性だという考えが当たり前になっていったのです。

ここには、「ひとつの国語」という理念が、不均等な力関係を前提とするジェンダー化との間でゆらいでいる姿が見られます。一方で、上田万年が「国語は国民の血液だ」と言ったときの「国語」は、女性も含めたすべての国民の国語として議論されています。もう一方で、大槻文彦が「西京言葉は女にはよいけれども男には弱く聞えていけない」と言ったときの「国語」は、男性を話し手として想定しています。

この意味で、国語が男性国民を話し手として想定していたという事実は、あまりにも当たり前で明確に述べられることがなかった「国語の隠れた男性性」とでも呼べるものを示しています。以降、この国語の「隠れた男性性」は、国語の発展に少なからず影響を与えていきます。

口語文典と国語読本

先に私たちは、国語は上から制定される必要があったことを確認しました。その過程で、大きな役割を果たしたのが、口語文典(口語文法書)と国語読本(国語教科書)です。学校教育を通して、つまり「上から」国語を教えることが重要だと考えられたからです。

私たちは、文法書や教科書には、実際に使われている言葉がそのまま掲載されていると考えがちです。けれども、実際に使われている言葉はさまざまです。特に明治の日本には、これまで見てきたように「ひとつの国語」がなかったのです。

そのような状況で、文典や読本に掲げられていた国語とは、文典や読本の編者が選択したものでした。さまざまな話し言葉の中から、特定の言葉を選択し、それを国語として提示したのが文典や読本なのです。

そのことを端的に示しているのが、「あたい」の例です。「あたい」は、国語教育者の金井保三の『日本俗語文典』(明治三四＝一九〇一)と吉岡郷甫《きょうほ》の『文語口語対照語法』(明治四五＝一九一二)という二つの文典では、「女の用いる言葉」だからという理由で、国語から排除されています。

けれども、「あたい」は男子も使っていたことが、いくつかの資料から分かります。たとえば、児童文学者の大江小波《さざなみ》(別名、巌谷《いわや》小波)の『当世少年気質《かたぎ》』(明治二五＝一八九二)に登場する十二、三歳のうどん屋の小僧は、「私《あたい》が売るんだ」と「あたい」を使っています。

先にも挙げた岡野久胤が「標準語に就て」の中で、男女で異なる東京語の例として挙げているのも、男児が「あたいにも、それを、おくんな」で、女児は「私にも、それを、頂戴な」となっています。

つまり、一部では男児の言葉でもあった「あたい」が、文典では女性の言葉だからという理由で、国語から排除されているのです。「あたい」が国語から排除されたのは、実際に女性だけが「あたい」を使っていたからではなく、国語の文法自体が「あたい」を女性の言葉と定義したからなのです。

ちなみに、大正一二(一九二三)年に東京下町で生まれた私の父は、中学に入学しても自分のことを「あたい」と呼んでいたので、友だちにばかにされたと話してくれました。昭和の男児も「あたい」を使っていたのです。

このように、国語の制定には、国語学者の選択が大きく作用していました。そして、その選択に、国語学者が意識している、いないにかかわらず、国語の「隠れた男性性」が色濃く見てとれます。「あたい」の取り扱いは、女性と結びついた言葉は、文典が国語として認めなかったことをはっきりと示しています。

書生言葉

国語の男性性が表れているもうひとつの例は、「書生言葉」の採用です。文典や読本には、当時「書生言葉」と呼ばれていた男子学生の言葉づかいが多数使われていました。一方、同じ「教育ある東京人」の言葉である「女学生ことば」は、まったく採用されていません。

書生言葉とは、国語学者の小松寿雄によれば、「江戸末期に幇間《ほうかん》医者、武士、教養層の間で広まっていた」語法で、明治一〇年代に「書生言葉」として認知されるようになりました(「キミとボク」『東京大学国語研究室創設百周年記念国語研究論集』一九九八年)。その成立事情は詳細には明らかにされていませんが、小説や新聞などのメディアが何らかの役割を果たしたことが推測されます。

たとえば、明治一八(一八八五)年に、自由党の機関紙『自由燈《じゆうのともしび》』に掲載された「東京語の通用」という論説には、「昔は為永派の人情本にて読み覚えし東京言葉も今は傍訓《ふりがな》新聞にて読み覚ゆる　十分の便利があるから生意気な諸生は未だ東京へ足踏みをしない時よりして自から東京言葉〔書生言葉〕を使ふ者がある位」とあります。

一度も東京に行ったことのない若者が書生言葉を使うことができたのは、それが新聞や小説などのメディアによって作られたものだからです。この意味では、書生言葉も実際の書生たちが使っていた言葉ではなく、メディアから学んだ知識としての言語イデオロギーだと言えます。

そのため、書生言葉の特徴を探るために小松寿雄が研究対象としたのも、坪内逍遥《つぼうちしょうよう》が明治一九（一八八六）年に刊行した小説、『当世書生気質』でした。小松が明らかにした「書生言葉」の特徴は、（一）漢語、（二）外来語、（三）「ぼく」「吾輩」、（四）「きみ」、（五）「たまへ」「べし」、（六）「失敬」の多用です（「「一読三歎当世書生気質」の江戸語的特色」『埼玉大学紀要』一九七三年）。

『当世書生気質』では、次に見る、書生の「須河」と「宮賀」の会話でも、互いを「君」「僕」「我輩」と呼び、「ブック」「ウオッチ」「テンミニッ」などの西洋語を用いています。

宮「ヤ須河。君も今帰るのか。」
須「オオ宮賀か。君は何処《どこ》へ行つて来た。」
宮「僕かネ、僕はいつか話をした書籍《ブック》を買ひに丸屋までいつて、それから下谷《したや》の叔父《おじ》の所《とこ》へまはり、今帰るところだが、尚《まだ》門限は大丈夫かネエ。」
須「我輩《わがはい》の時計《ウオッチ》ではまだ十分《テンミニツ》位あるから、急《せ》いて行きよつたら、大丈夫じやらう。」

「我輩（わがはい）の時計（ウオッチ）ではまだ十分（テンミニツ）位あるから」で笑った方は、ぜひ『当世書生気質』をお読みください。他にもびっくりするような西洋語が頻繁に使われています。ちなみに、須河の「急いて行きよつたら、大丈夫じやらう。」という言葉づかいには、どこの方言というのではなく「書生社会に行はるる駁雑《ばくざつ》なる転訛方言《なまりことば》」だという注釈が付いています。右の例に出ている以外の書生言葉である「たまへ」「べし」「失敬」は、「エ、待《まち》たまへ」、「サア帰るべし帰るべし」、「帰らう帰らう」「任那君、失敬」のように使われています。

文典や読本などは、これらの書生言葉の言語要素を国語として記述していきました。まず、口語文典ですが、「ぼく・きみ」を中心に書生言葉が徐々に国語に含まれていきます。文部省嘱託の国語学者、保科孝一が明治四三（一九一〇）年に書いた『国語学精義』では、「小学校において教授すべきもの」として、自称詞「わたくし・わたし・ぼく・自分」、対称詞「あなた・君・おまへ」を挙げています。

「たまへ」と「てよ」「だわ」

しかし、同じころ認知されていた「てよ・だわ・のよ」などの「女学生ことば」は、わずかに例文で使われているだけで、文典の記述にはまったく見当たりません。女学生ことばについては、次章で詳しく見ていきます。

数多くの読本教科書を執筆している新保磐次《しんぼういわじ》が明治一九（一八八六）年に書いた『日本読本』には、早くも「ぼく・きみ」だけでなく、「たまえ」「～くん」などが、全六巻でまんべんなく使われています。たとえば、二巻に三人の少年が兵隊ごっこをしている絵が描いてあり、そこには「ボク　ハ　ハタモチ、……サトウ　クン、ラッパ　ヲ　フキ　タマヘ。」とあります。けれども、この読本にも女学生ことばはまったく使われていません。

ミンナ デ テウレン セウ。
ボク ハ テヌグヒ ヲ ボウ ニ ツケテ ハタ ニ スル。
ボク ハ ハタモチ、イトウ クン ハ タイシヤウ デス。
サア ミンナ ソロヒ タマヘ。

ススメ、ヒダリ、ミギ、ヒダリ、ミギ。

新保磐次『日本読本初歩　第二』

文典や読本は、「教育ある東京人」の中でも、教育ある男子の言葉は積極的に国語として採用する一方で、教育ある女子の言葉は国語から排除していたのです。そして、その理由は、国語の第一の話し手は男性国民だと考えられていたから、つまり、国語に「隠れた男性性」があったからなのです。

文典や読本に採用されたことで、書生言葉は現在まで正当な国語として認められることになりました。明治三七(一九〇四)年の第一期国定教科書『イエスシ読本』から昭和八(一九三三)年の第四期国定教科書『サクラ読本』まで、「ぼく・きみ・〜くん」をはじめとする書生言葉は多数採用され続けます。一方で、女学生ことばは、これらの国定教科書にまったく現れません。教育の言説に採用されたことにより、国語の「隠れた男性性」は現在まで維持されることになったのです。

もちろんこれは、明治時代に男女が異なる言葉を使うと考えられていなかったということではありません。尾崎紅葉が明治三〇〜三五(一八九七〜一九〇二)年に新聞に連載した『金色夜叉』の最初のほうにダイヤモンドを前にした人々が口ぐちに驚きを発する有名な場面があります。


「金剛石《ダイヤモンド》!」

「うむ、金剛石《ダイヤモンド》だ。」

「金剛石《ダイヤモンド》??」

「成程《なるほど》金剛石《ダイヤモンド》!」

「まあ、金剛石《ダイヤモンド》よ。」

「那《あれ》が金剛石《ダイヤモンド》？」

「見給へ、金剛石《ダイヤモンド》。」

「あら、まあ金剛石《ダイヤモンド》??」

「可感《すばらし》い金剛石《ダイヤモンド》。」

「可恐《おそろし》い光《ひか》るのね、金剛石《ダイヤモンド》。」

「三百円の金剛石《ダイヤモンド》。」


この場面では、誰が言った言葉か書いていなくても、どんな階級でどの性別の人が発言したのかが、「うむ〜だ」「まあ〜よ」「見給へ」「あら、まあ」「のね」などから推測できることになっています。つまり、明治時代にはすでに男女は異なる言葉づかいをするという認識は確立していたのです。むしろここで確認したのは、そのうちの女性と結びついていた文末詞などが、文典や読本といった学問の言説によって正式な国語として認められていなかったということです。

「男ことば」は特殊扱い

本章で確認した国語の「隠れた男性性」は、現在の男ことばと女ことばの違いも説明してくれます。本章の最初で見た、女ことばは女性の標準的な言葉づかいだとみなされているのに、男ことばは、特別な言葉づかいだと考えられているという違いです。この違いは、実際に使われている言葉に観察される違いではなく、言語イデオロギーとしての違いです。

そもそも、国語＝標準語が、すでに男性性と潜在的に結びついている「(男の)標準語」だとしたら、男ことばは標準語の男性的部分を強調した言葉づかいにならざるを得ません。「(男の)標準語」は、主要な話し手を男性に想定し、「ぼく・きみ」など男性的な言語要素も含めながら、女性にとっても「標準語」として機能しているのです。

そこで、「(男の)標準語」「男ことば」「女ことば」の三者の関係を整理すると、次のようになります。「女ことば」も「男ことば」も「(男の)標準語」に含まれます。けれども、「標準語」に男性性が隠れているとしたら、「女ことば」は「標準語」の女版として位置づけられます。「女ことば」に対応するのは「(男の)標準語」です。だから、大人の男女の最も標準的な言葉づかいは、女性は「女ことば」で、男性は「標準語」だとみなされているのです。一方、「男ことば」は、標準語の中でも特別な男性性を表現する言葉づかいになります。男ことばが特殊な男性性と結びついている理由のひとつは、標準語にすでに男性性が隠れているからなのです。

本章で見てきた、「標準語＝国語は暗黙裡に男性性に彩られている」という考え方は、私たちが日本語を見る視点をおおいに豊かにしてくれます。それは、近代日本語の成立には、ジェンダーが密接にかかわっていたことを示しているからです。これまで、女らしさや男らしさから日本語を見るということは、日本語全体とは関係のない瑣末な事象だと誤解されてきました。日本語学では、女らしさや男らしさのようなジェンダーの視点からの研究は狭い世界の話だと片づけられることも多かったのです。

けれども、標準語＝国語が男性性と密接に結びついているとしたら、ジェンダーの視点から日本語について考えることは、これまで表立って取り上げられることが少なかっただけに、日本語に対する私たちの理解を飛躍的に豊かにしてくれる可能性があるということです。次章では、このような認識に基づいて、さらに興味深い日本語の姿を、明治時代の女学生ことばの例から明らかにしていきます。

四章　「女学生ことば」誕生

二章で、江戸時代の女訓書が女房詞を「女が使うべき具体的な言葉」として列挙することで、女らしい話し方の規範を強化したことを確認しました。女訓書という「ついて語る」言説が、女房たちが創造した言葉づかいを取り込むことで、女ことばの規範としての側面を具体的にしていったのです。そこでは、多様な女性の言葉づかいから取捨選択したものを、女ことばとしてまとめあげるようなプロセスを見ることができました。

本章では、明治時代の「女学生ことば」が成立していった様子を見ることで、非常に似た過程が観察されることを示していきます。女房詞と違って、「てよ・だわ・のよ」など当時の女学生ことばを構成していた文末詞は、現代の女ことばにも受け継がれています。その意味で、女学生ことばの成立過程は、「なぜ、女性の多様な言葉づかいから女ことばというたったひとつのカテゴリーが形成されたのか」という問いに、さらに身近な答えを示してくれます。

女学生のセリフ

君子(女学生)「私も行ってよ、もう行ってよ、ああ心が……脱けっちまいそう……ああ好いのよ……フウ〳〵ハア〳〵」

小栗風葉『袖と袖』一九〇七~一一年

これは、明治時代のポルノ小説の中の、女学生「君子」のせりふです。

「明治の女学生」と聞いて私たちが思い浮かべるのは、長い束ね髪に大きなリボンを付け、海老茶袴《えびちゃばかま》をはいて、窓辺にたたずんだり、読書をしたり、髪を風になびかせて自転車に乗っているお嬢さまの姿でしょう。そんな女学生が、ポルノ小説に登場していたなんて。いったい、女学生に何が起こったのでしょうか。

その謎を解くカギのひとつが、君子が使っている「てよ・のよ」という女学生ことばです。つまり、お嬢さまの象徴であった女子学生が性の対象物に堕落する過程に、女学生ことばの成立が深くかかわっているのです。

国力増強と国民の統合には教育が不可欠であると考えた明治政府は、明治五(一八七二)年の学制によって、すべての国民が教育を受けることを宣言し、日本女性ははじめて公式に学生となりました。

この時点では、男子学生から明確に区別された「女学生」というカテゴリーはありませんでした。しかし、この女子学生たちに対して、明治三〇年代までに「女学生」というカテゴリーが形成されます。女子学生が、女学生に変換されたのです。一体、女子学生と女学生は、何が違っていたのでしょうか。

女学生の表象に注目した本田和子《ますこ》は、「女学生」のイメージが作り上げられる過程には、服装（海老茶袴）や髪型（束ね髪）と並んで言葉づかい（女学生ことば）が大きな役割を果たしたことを指摘しています（『女学生の系譜』一九九〇年）。以下では、女学生ことばの成立を、（一）女子学生が男子学生の言葉を使うことを批判する、（二）小説家による「てよだわ言葉」の使用、（三）「てよだわ言葉」を否定する、（四）「てよだわ言葉」のセクシュアリティ化、という四つの過程に分けて見ていきます。

学問する女への苛立ち

学制発布直後の女子の中には、男子学生と同じ袴をはいて通学している人もいました。明治五（一八七二）年三月号の『新聞雑誌』は、「大帯の上に男子の用ひる袴を着し、足駄《あしだ》（下駄）をはき、腕まくりなどして、洋書を掲げ往来する」女子を報じています（石井研堂『明治事物起原　改訂増補版』一九四四年）。

男子の袴は、女学校でもはかれていました。東京女子高等師範学校長を務めた中川謙二郎は、「明治五年竹橋内……初めて政府の女学校が設けられた。当時私はあの辺を通る毎に、男の着ける縞の袴をはいた、不思議な恰好をした女子を見受けたが、それが其学校の生徒であった」と記しています（文部省内教育史編纂会編『明治以降教育制度発達史　第一巻』一九三八年）。

これは、当時の女子学生が、自分たちは「女子学生になった」のではなく「学生になった」と考えていたことを示しています。つまり、明治の初期には、男子学生から区別された「女子学生」という存在が確立していなかったのです。

男子の袴をはいた女子学生は、世間から強く批判されます。先に挙げた『新聞雑誌』の引用部分の後には、「如何に女学生とて、猥《みだり》に男子の服を着して活気がましき風俗を為すこと、既に学問の道他に馳せて女学の本意を失ひたる一端なり」とあります。男子の服を着るなんて、「女学の本意」を失っているというのです。

明治一四（一八八一）年に『東京日日新聞』に掲載された「女生徒の靴袴」も、東北各県を巡回した文部書記官が、「女教師女生徒らの風体に半男半女の姿たありて、靴を穿き袴をつけ意気揚々として、生かぢりの同権論などなす者」がいるため、「慨嘆のあまり各所にて演説せられし」と報じています。

「半男半女」という表現には、女子が男子と同じ服装をして男女の境界をまたぐことに対する嫌悪感が表れています。袴をはいた女子学生が登場した衝撃が、学生を男女に区別する必要性を自覚させたのです。

男子の袴をはいた初期の女子学生は、ことばも、男子学生のことばである書生言葉を使うと考えられていました。明治八（一八七五）年一〇月三日の『読売新聞』には、女子学生の次のような会話が載っています。まず、ひとりが「おちやさん」に話しかけます。

「おちやさん僕の北堂（ほくどう）がね　先日お前はモウ他《た》へ嫁《か》さないと時《とき》が後《おく》れるから人に依頼して置《おい》たと申ましたが否《いや》なこと　けちな官員《かんいん》や何処の馬の骨だか知れない書生なんぞに配偶《はいぐう》するよりも早く女教師に成ツて気楽になればねエ　芝居も勝手にいかれナイスの俳優《やくしゃ》も上げられモニイが沢山有れば男妾《おとこめかけ》でも何でも置けますから　今のうち勉強して何でも女教師に成る積《つも》りで居《い》ますは」

現代訳すれば、母親（北堂）がもう結婚しないと結婚できなくなるから、人に縁談を頼んだと言っていたが、いやだ。貧乏な公務員や素性の知れない書生と結婚するよりも、教師になれば気楽だ。芝居にも自由に行けるしイケメン俳優とも付き合えるし、お金がたくさんあれば男妾も持てる。だから、今のうちに勉強して何が何でも教師になるつもりだ、とでもなります。すると「おちゃやさん」が、「本たうにそうですよ曖昧《あいまい》とした亭主なんぞを持《もつ》のは不見識（ふけんしき）ですよ君きツと北堂へ断《ことわ》りたまへ」と言います。

それに対して、最初の女子学生は「エース、エース〳〵」と英語で答えるのです。

これは実際の女子学生の会話ではなく、女子学生を批判している投書で創作された会話です。投書は、女子学生は堕落している、結婚もしないで女教師になって、男妾を置いたり芝居に行くことばかり考えている、と言いたいのです。これまで存在しなかった「学問をする若い女性」という集団の出現にいらだっている様子が見てとれます。

言葉づかいに注目すると、投書の会話には、傍点で示したように、(一)「北堂」「依頼」「不見識」などの漢語、(二)「ナイス」「モニイ」「エース」などの英語、(三)「僕」「君」、そして、(四)「たまへ」などの書生言葉が使われています。

つまりこの投書では、堕落した女子学生に書生言葉を使わせることで、女子が書生言葉を使うことを批判しているのです。服装だけでなく言葉でも、女子が男女の境界をまたぐことが受け入れられなかったのでしょう。

書生言葉の女子学生

学制からわずか七年の明治一二(一八七九)年に、明治政府は「教学聖旨」を発布し、行きすぎた欧化を戒め儒教に基づく道徳教育の施行を宣言しました。その背景には、男の服装をし、男の言葉を使う女子学生に対する嫌悪感もあったでしょう。明治一三(一八八〇)年の改正教育令では高等学校から男女別学が制度化され、一四年(一八八一)年には裁縫と家政が必須科目となり、一二年から一五年にかけて袴の着用も禁止されました(本田和子『女学生の系譜』)。

「教学聖旨」による儒教思想への回帰は、当然女訓書や修身書で奨励されていた言葉づかいへのゆれ戻しを意味していました。メディアはいち早くこの転換をキャッチし、まず女子学生が書生言葉を使うことを批判しました。興味深いのは、小説の登場人物を、書生言葉を使う「悪い女子学生」と丁寧な言葉づかいをする「良い女子学生」に類型化する手法です。

明治一八(一八八五)年の『女学雑誌』二号から連載された「梅香女史の伝《でん》」にも、両方の女子学生が登場します。おてんばで勉学への興味を失っている澤山と田中は、「~君」「たまえ」「僕ら」や漢語の多用に特徴づけられる書生言葉を使っています。

「田中」は、「澤山君ソンナニ知らぬ風《ふう》を為玉《したま》ふな」と呼びかけ、「澤山」は、「ヨシ玉(たま)

へ」「僕等（ぼくら）イヤ妾等《しょうら》は之《これ》を導きて当世風《とうせいふう》にする義務がありますぜ」という具合です。一方、勉学心に燃えたヒロイン「梅」は、「澤山さん昨日《さくじつ》は真《まこと》に有難《ありがと》ウ御座いました 御影《おかげ》で丁度好《ちょうどよ》いのを見当たりました」と書生言葉をいっさい使いません。

書生言葉を堕落した女子学生に使わせて、女子学生と書生言葉を分離することは、女子学生と男子学生をことばにおいても性別で区別することだと言えます。

「てよだわ言葉」

これに対して明治十二、三年、一部の女子学生が「てよ・だわ・のよ」などを使い始めました。作家の尾崎紅葉は、明治二一（一八八八）年の「流行《はやり》言葉」の中で「今より八九年前小学校の女生徒がしたしき間の対話に一種異様なる言葉づかひせり。」と言い、例として、「梅はまだ咲かなくツテヨ」「アラもう咲いたノヨ」「アラもう咲いテヨ」「桜の花はまだ咲かないンダワ」を挙げています。のちに「女学生ことば」となる前段階の、「てよだわ言葉」の誕生です。

女子学生たちは、なぜこのような言葉づかいを始めたのでしょうか。ひとつ考えられるのは、女子学生自身が、学校が押しつけたものとは違う自分たちのアイデンティティを作り出そうとした試みだったのではないかという見方です。そのように考える理由は、二つあります。

第一に、この言葉づかいが使われ出した明治一二年は、儒教思想に基づいた教育方針を宣言した「教学聖旨」が発布された年であり、男女共学が禁止された年でもあります。女子が一度男子と同様に袴をはき、学び、行動する自由を体験した後に、再び儒教に基づく引き締めが始まった時期なのです。

第二に、一章で見たように、この時期の道徳教育で用いられていた女訓書には、女の言葉づかいに関するきびしい規範が含まれていました。女子学生は、「男女は等しく教育を受けるべき」であるが「女には男とは異なる役割がある」という矛盾に対するささやかな抵抗として、このような言葉づかいを始めたのではないでしょうか。

その証拠に、この言葉づかいは、良妻賢母に似合わないと言われました。明治三五（一九〇二）年の『読売新聞』は、「「イーコトヨ」「キイテヨ」「シラナクテヨ」等野卑《とうやひ》なる言語は将来廿世紀の賢母良妻たらん人に八苦々敷《しき》次第」と批判しています。

このような批判を正当化するかのように、この言葉づかいは身分の低い人たちから生まれたという主張まで現れました。尾崎紅葉は「流行言葉」の中で、「てよ・だわ・のよ」は「旧幕の頃青山に住める御家人の（身分いやしき）娘」が使っていたものだとしています。明治三八（一九〇五）年に『読売新聞』に掲載された「女学生と言語」は、近年女学（女子教育）が勃興し「比較的下流社会の子女」が多数女学校に入学するようになったため、「所謂《いわゆる》お店《たな》の娘小児《むすめこども》が用ゆる言語が女学生間に用ひらるゝ」と言っています。

けれども、先ほども紹介した小松寿雄は、この言葉づかいが、その発生当時に下品な言葉づかいだとはみなされていなかったことを示して、これらの批判には根拠がないことを明らかにしています(「東京語における男女差の形成」『国語と国文学』六五号、一九八八年)。「下賤な起源」という批判は、事実に基づいたものではなく、「てよだわ言葉」をいやしめるために、創作された批判だったのです。学問のある若い中流女性が、自らのアイデンティティを主張するという現象が、よほど耳ざわりだったのでしょう。

そこで私は、この言葉づかいが当初は女子学生の創造的言語活動として生まれたことを明確にするために、女学生ことばに変換されるまでのこの言葉づかいを「てよだわ言葉」と呼んで区別します。つまり、「てよだわ言葉」が女学生ことばに変換される過程と、「女子学生」が「女学生」(両者の違いは本章の後半で確認していきます)に変換される過程を並行してとらえていきたいのです。

「遊ばしやがるんだとさ」

ここで、実際の女子学生はさまざまな言葉づかいをしていたことに注意する必要があります。「てよだわ言葉」は女子学生が使い始めた言葉づかいだったとしても、すべての女子学生が「てよだわ言葉」だけを使っていたわけではありません。

明治時代の言葉づかいをそのまま記録した資料を見つけることはできませんが、女子学生が書生言葉や「てよだわ言葉」を使うのはけしからんという批判は、明治を通して存在し続けます。これらの批判は、少なくとも一部の女子学生が、あるときは書生言葉を用い、あるときは「てよだわ言葉」を使い、また別の時には丁寧な言葉づかいをしていたことを示しています。

たとえば、女子教育者の巌本善治は、明治二三(一八九〇)年に『女学雑誌』に書いた「女性の言葉つき」の中で、当時の女子学生が、「きた」「おっかさん」「おとっつあん」「行く」のように丁寧でない言葉、「よくってよ」「何々ダワ」などの「てよだわ言葉」、「君」「僕」「何々《なになに》すべしダヨ」のような書生言葉を使っていることを批判しています。

明治三八(一九〇五)年に『読売新聞』に掲載された「女学生と言語」も、「よくツてよ」「あたいいやだわ」などの「てよだわ言葉」、「僕」「君遊びに来玉《きたま》へな」などの書生言葉、「ミス」「ミセス」「ハズバンド」などの外国語を女子学生が使っていることを批判しています。

作家の岡田八千代は、「此頃の言葉」(一九五七)の中で、明治四三〜四四(一九一〇〜一一)年の女子学生は、「おい、何を気取っているんだ」「おい、おれの神妙なことを見ろよ」などの乱暴な言葉と「おコーヒー」「おコー茶」「御機嫌よう」などの丁寧な言葉の両方を使っていたと回想しています。

岡田が挙げているさらに興味深い例では、「あんな事を遊ばしてやがるんだとさ」「おい、こう遊ばすんだよ」と、本来丁寧なはずの「遊ばせ」を乱暴に使っています。このような言葉づかいは、気取った「遊ばせ」を乱暴に使って、「遊ばせ」に象徴される規範的言葉づかいに対する抵抗を示していると解釈することができます。

このように、当時の女子学生はさまざまな言葉を使っており、その中には書生言葉も、「てよだわ言葉」も、英語や漢語もありました。もちろん、実際の女子学生の中には「てよだわ言葉」を使った者もいたでしょう。しかし、それらの学生もいつも「てよだわ言葉」だけを使っていたわけではないのです。

つまり、「てよだわ言葉」は、実際の女子学生が繰り返し用いたために女子学生の表象になったわけではないのです。実際の女子学生の言葉づかいが「てよだわ言葉」を「女学生ことば」に変換したわけではないのです。では、「てよだわ言葉」はどのようにして女子学生のシンボルになったのでしょうか。

むしろ、「てよだわ言葉」を女子学生の表象にしたのは、言文一致小説の書き手です。作家たちは、女子学生の登場人物に繰り返し使わせることで「てよだわ言葉」を女子学生の表象に作り上げていったのです。

言文一致小説

言文一致小説では、さまざまな話し言葉を使い分けることで登場人物の特徴づけを鮮明にする工夫が試みられました。坪内逍遥は『新磨《しんみがき》妹《いも》と背かがみ』の「はしがき」(明治一八—一九＝一八八五—八六)で、「智児《ちご》の語《ご》はおとなび。俚人《りじん》の語はひなび。女子は女らしう。丈夫は丈夫の如く。言語を其儘《そのまま》に写せばこそ。自然活動の妙をも見るなれ」と、さまざまな集団をその言葉づかいの違いを強調して描写することを勧めています。「言語をそのままに写す」という表現からは、異なる集団は異なることばを使っている、つまり、同じ集団は同じ言葉を使っているという思い込みが読み取れます。

しかし、女子学生が「てよだわ言葉」だけをいつも使っていたわけではないように、実際の言葉づかいはどの集団でも多様だったでしょう。むしろ、小説が、特定の集団に特定の言葉づかいを割り当てるという行為が、その集団と言葉づかいを結びつけていったと考えられます。特定の言葉づかいによって特定の集団を表現するために小説家に重宝されたのが「てよだわ言葉」などの文末詞です。

最初に「てよだわ言葉」が使われたのは、西洋の若い娘の翻訳でした。明治一八(一八八五)年に二葉亭四迷がツルゲーネフの『父と子』を翻訳していたときには、「会話用の日本語だって其頃《そのころ》は言文一致という文体がまだ成立《なりた》たない位《くらい》だから、到底《とうてい》外国人の問答を髣髴《ほうふつ》するに適《てき》しない。第一今の女学生語《ことば》なぞいう西洋の娘を現《あらわ》すに持って来いという語《ことば》が無」く、大変苦心したと言われています(坪内逍遥「長谷川君の性格」、坪内逍遥・内田魯庵編『二葉亭四迷』一九〇九年)。

しかし、その四迷も、明治二一(一八八八)年に翻訳した『あひびき』では、農夫の娘アクリーナに「あたし産れてからまだこんなうつくしい花ア見たことないのよ。」「あんまりだワ。」と「てよだわ言葉」を使わせています。

作家たちは、まず西洋娘にぴったりの言葉づかいとして、「てよだわ言葉」を利用したのです。その結果、西洋娘が使う「てよだわ言葉」は、〈西洋・近代〉のイメージと結びつくことになります。同時に、その話し手である女子学生も、最も〈西洋・近代〉に近い存在としてイメージされ、流通することになったのです。

ハイカラに

作家たちは、なぜ西洋娘の翻訳に「てよだわ言葉」を利用したのでしょうか。なぜ、女子学生を西洋近代の象徴として選んだのでしょうか。日本の近代小説は西洋の文学作品の翻訳から始まりますが、そこには、西洋の事物や人物を日本語に置き換えることの難しさがつきまとっていました。

坪内逍遥は、一九三三年の随筆「柿の蔕《へた》」の中で、「其頃の中流及びそれ以上の言葉づかひは、殊に婦人のは、迚《とて》も敬語沢山で、到底翻訳には使ひ切れたもんでなかった。」と述べています。逍遥にとって、日本の中流女性の丁寧な言葉は、西洋女性の話し言葉として置き換えるには不似合いに感じられたのです。

このような「西洋語で読む」ことと「日本語で書く」ことのギャップに苦しんだ作家たちは、そのギャップを埋める存在として、西洋近代のイメージに近い「ハイカラ娘」を必要としたのだと、日本文学研究者のレヴィは指摘しています(Indra Levy, *Sirens of the Western Shore*, 2006)。西洋の作品と日本語を媒介するためには、日本人であるけれども西洋化され、しかも、性的他者である若い女性を作り出すことが必要だったというのです。だとしたら、作家たちは、西洋娘の会話を女子学生の「てよだわ言葉」に翻訳することで、日本人の理解を超えた西洋近代を象徴する「ハイカラ娘」を創作したと言えるでしょう。

作家たちの生み出す「西洋娘」が「てよだわ言葉」を話すという事実は、現代の女ことばが、とりわけ翻訳作品中の外国の女性の話し言葉として使われていることを思い起こさせます。明治から現代まで、女ことばと結びついた「女らしさ」は、「西洋の」「女性」を日本語で表現するために使われることで、その正統性を得てきたのです。

「てよだわ」の普及

その後は多くの小説で、日本の女子学生の登場人物にも「てよだわ言葉」が使われるようになり、実際の女子学生が小説中の言葉づかいをまねる現象まで指摘されるようになります。「てよだわ言葉」が、なにより小説によって広く認知されるようになったことは、いくつかの論評も指摘しています。

先述の読売新聞の記事「女学生と言語」は、「又彼等《またかれら》の一部には小説を愛読する結果言語《げんご》の中《うち》に英語を交《まじ》へ漢語を使ふ者あり　畢竟《つまり》小説家が女学生の言語を写《うつ》せしにはあらで女学生が小説家の為に左《さ》右《ゆう》さるる」と、女子学生の言葉づかいを小説家が採用したのではなく、小説が実際の女子学生の言葉づかいに影響を与えたと言っています。

作家であり評論家でもあった佐藤春夫も「国語の醇化美化」(一九四一)という論稿で、「そのころ「……てよ、……だわ」などの女の日常会話の言葉も、そのころの小説家……の工夫が一般に用いられたもので、……はじめは小説のなかの会話をその読者の女学生……が口真似したものが、後には一般の用語になつて今日の如く広まつた」として、「てよだわ言葉」は小説家が選んだものを一般の読者がまねることによって普及したと述べています。

これらの論評を読むと、「てよだわ言葉」は小説家が創作したと誤解されるかもしれません。けれども、ここで指摘されているのは、一部の女子学生が使い始めた言葉を、小説家が作品に利用し、その結果、より多くの実際の女子学生だけでなく、一般読者も小説中の言葉をまねし始めたということです。

「てよだわ言葉」が小説家の創作ではなく、女子学生自身が使い始めた言葉であると考える理由は二つあります。

第一に、「てよ・だわ」が世間で問題になり始めた時期は、小説で「てよ・だわ」が使われた時期よりも少なくとも七、八年前になります。先に引用した紅葉が「異様なる言葉づかい」に気づいたのは明治十二、三年です。一方、国語学者の石川禎紀によれば、「てよ」の初出は明治二一年の巌谷小波『五月鯉』、「だわ」の初出は明治一九年の坪内逍遥『妹と背かがみ』だということです（「近代女性語の語尾」『解釈』一九七二年九月号）。

第二に、「てよ」の初出である巌谷小波の『五月鯉』には実在のモデルがいます。それは、小波が一六歳で入塾した漢学塾の川田家の三女綾子（九歳）だと言われています（瀬沼茂樹『明治文学全集20』解題、一九六八年）。実在のモデルがいたとしたら、そのモデルの言葉づかいを小説の中に採り入れた可能性があります。

小説が果たした役割は、一部の女子学生が使い始めた新しい言葉を目ざとく利用することで、「てよだわ言葉」をはっきりと女子学生と結びついた言葉として広く認識させた点にあるのです。

軽薄さ

小説の中で用いられるにつれ、「てよだわ言葉」にはさまざまな意味が付けられるようになります。そのひとつが、軽薄さです。女学生作家として知られる三宅花圃《かほ》の『藪《やぶ》の鶯《うぐいす》』（明治二一＝一八八八）に見られるのは、「てよだわ言葉」によって女子学生を描き分ける手法です。登場する四人の女子学生のうち「服部」は、勉強家で女徳を重んじる娘です。その服部は、

「さあ、さあ、お待ちあそばせ……まあ、いって召し上がっていらっしゃいな。」と「てよだわ言葉」をまったく使っていません。

一方、「相沢」と「斎藤」は、活発で結婚にも否定的な娘です。そして、この二人は、「ほんとだわ。」(相沢)、「私は今日は眠くってしょうがないのヨ。……よくってヨ……炭素を追い出してやるんだわ。」(斎藤)と、「てよだわ言葉」を使っています。

さらに、三者の中間に位置し、卒業したら奥様になると言っている「宮崎」は、「内地雑居になるとどうだのこうだのとおっしゃるのヨ。」と「のよ」を使っています。

つまり、この作品は、「てよだわ言葉」を「軽薄な女子学生」の表象として用い、「規範的女子学生」はこれらの言葉づかいをしないことで描写しているのです。

「てよだわ言葉」が軽薄さと結びつけられるようになると、「てよだわ言葉で語られる知識」には知識と軽薄さの落差から底知れぬおかしさが生まれてくるようになります。この落差をうまく利用したのが、巌谷小波の『自惚娘《うぬぼれむすめ》作者』(明治二二＝一八八九)です。今だったら考えられない、あからさまに女性作家を揶揄《やゆ》する題名です。

登場する「笑雪《しょうせつ》」と「拝枝《はいし》」という二人の女性作家は、「小説の目的なんかは「小説神髄」を見るとよくってヨ」「だつて言文一致は。勤《つと》めて言葉の新奇なるを用いなけりやいけないん

（右上）①……むかしはものを思はざりけり．読みあげると，熊鷹眼（くまたかまなこ）で飛付く．私が先だわ．私が早くツてよ．
（右下）②真赤になつて取組（とりくみ）となる．私だわ……イイエ私だわ．ア……腕が抜けてよ．もう斯（こ）うなれば喧嘩だわ．
（左上）③芋を洗ふやうに犇（ひし）めく．マア大変な騒擾遍照（そうじょうへんじょう）だわ．……あら靴下の踵（かかと）から月がもれ出でてよ．
（左下）④菫（すみれ）さんは角帽さんの肩ばかり持つて，御覧なさい，此様（こんな）に私の手に喰附いてよ．あら可（よ）くツてよ，私ぢゃなくツてよ，嘘だわ…….

「てよ・だわ」を使う軽薄な女子学生．「てよだわ物語」『東京パック』1906年1月1日号だワ」と「てよだわ言葉」で会話しています。

ここでは、「小説神髄」「言文一致」という知識の言葉を「てよだわ言葉」で語らせることで、知識と軽薄さの落差を強調し、インテリ女性のばからしさを演出しているのです。

明治も四〇年代近くになると、「てよだわ言葉」はすっかり軽薄な女子学生の表象になります。当時人気のあった漫画雑誌『東京パック』に掲載されている、「てよだわ物語」という四コマ漫画は、正月のかるた会で男子学生と格闘してかるたを取る「近代的」女子学生のばからしさを笑った内容です。そして、その言葉づかいは徹底して「てよだわ言葉」なのです。

今の私たちから見ると、女らしくて丁寧に感じられる「〜てよ」「〜だわ」という言い回しも、当時は軽薄な女性の言葉づかいだと考えられていたのです。

女学生ことばの定着

日清戦争以降、国力増強のためには女子教育の改善が不可欠であるとの論調が生まれました。女子教育には高い家政能力を持った「良妻」と次代の国民を育てる「賢母」の育成が期待されたのです。明治三二(一八九九)年には「高等女学校令」が発布され、良妻賢母を掲げる女子教育が確立されました。

高等女学校には入学志願者が殺到しました。これまで存在しなかった「教育を受ける若い女」の大量発生は、女子学生に対する批判を噴出させます。新聞には「海老茶式部」「女学生堕落論」「女学校征伐」などが連載され、「其の歩行《ある》きっ振りから、喋舌《しゃべり》の具合、只もう癪《しゃく》に障《さわ》ることばかり」と、東京朝日新聞の記者だった生方敏郎は当時の女子学生批判を紹介しています(『明治大正見聞史』一九二六年)。

女子学生に対する注目と批判は、小説の中の「てよだわ言葉」に二つの変化を引き起こしました。ひとつは、女子学生だけでなく一般の若い女性も含めたより多くの人物が「てよだわ言葉」を使い始め、「女学生」「女学生ことば」という用語が広く認識されるようになった点です。「てよだわ言葉」の普及に大きな役割を果たしたのは、明治三〇年代に発生した家庭小説です。主に女性読者向けに新聞連載され人気のあったこれらの通俗小説では、女子学生だけでなく妻や母親も「てよだわ言葉」を使っています。

草村北星の『浜子』(明治三五=一九〇二)では、若い妻が「てよ」「だわ」を使い、菊池幽芳の『乳姉妹』(明治三六=一九〇三)では若い母親と一九、二〇歳の女性たちが「てよ」「のよ」を使っています。田口掬汀《きくてい》の『女夫波』(明治三七=一九〇四)では二十一、二歳の妻が「だわ」「のよ」

を使っています。

しかも、家庭小説における「てよだわ言葉」には、以前見られたような「てよだわ言葉」と「丁寧な言葉づかい」によって「軽薄な女子学生」と「模範的女子学生」を区別するという手法が見られないものもあります。

めす猫も「てよ・だわ」

たとえば、菊池幽方の『乳姉妹』では、美しいが虚栄心の強い「君江」と親切で情け深い「房江」というように、上流令嬢の姉妹が悪い女と良い女に分類されて描かれています。

しかし、君江が「房さん、私やお亡《なく》なりになつたお母《つか》さんの子ぢやアなくつてよ。」と言うと、房江が「お母《つか》さんの子ぢやアありませんツて？　え、それは嘘《うそ》を仰《おつ》しやるのでせう。そンな筈はなくつてよ。」と、どちらも「てよだわ言葉」を使っています。軽薄であるかどうかにかかわらず、上流の若い娘は「てよだわ言葉」を使うようになったのです。

「てよだわ言葉」と上流の若い娘の結びつきを最もはっきり示しているのは、夏目漱石の『吾輩は猫である』（明治三八～三九＝一九〇五～〇六）です。この作品では、「あなた大変色が悪くつてよ。」「あら御主人だつて、妙なのね。御師匠さんだわ。」「あらいやだ、皆んなぶら下げるのよ。」と「てよだわ言葉」を使って「めす猫」の性別・年齢・階級を表現しています。

ちなみに漱石は、主人公の「吾輩」には「吾輩はここの教師の家に居るのだ」と書生言葉を話させ、車屋の「黒」には、「べらぼうめ、うちなんかいくら大きくたつて腹の足しになるもんか」と「べらんめえ言葉」を話させています。

漱石が、実際には決して言葉を話すことのない猫を、言葉づかいによって描写することができたのは、書生言葉や「べらんめえ言葉」と並んで、「てよだわ言葉」がこの時点で上流の若い娘の象徴として機能していたからです。

性の対象となる

高等女学校令以降の第二の変化は、女子学生の「セクシュアリティ化」です。女性の「堕落」や「軽薄さ」が、性的堕落として描かれることは現在でもよくあります。海老茶袴の裾をひるがえして自転車に乗りテニスをする女子学生の活発な肢体は、人々の目を惹きました。本田和子は、こうした現象は「人々の視線に、彼女らが優れて秩序破壊者と映じ、性モラルの逸脱者として把えられ」た、としています（『女学生の系譜』）。

女子学生が性の対象物として見られるようになったことを端的に表しているのが、『読売新聞』に連載された、小杉天外の『魔風恋風』(明治三六＝一九〇三)です。主人公の女子学生「初野」が下宿の主婦《おかみ》に介助されながら着替えている場面は、初野の裸体を覗き見している男の視線から描かれています。(『魔風恋風』前編)

主婦は、「最《も》う数日《しばらく》の御辛抱、」など、慰めて、行李から洗つてある白地の浴衣を取出し、さて初野の傍《わき》に突膝《つきひざ》して、其の締めて居る紫紺地らしい緞子《どんす》の帯、糸織の曙縞の綿入、下着は絹の桜小紋、その下のネルの襦袢を分《わけ》れば、何処からとも無く白薔薇香水《ホワイトローズ》の香ひ、肌《はだえ》は珠玉《たま》の如きに、乳房むツちりと高まり、細腰より下は腰巻《けだし》の色が、しツとりとして、紅の滝の落ちるとも譬ふ可きである。

「あら、お主婦《かみさん》……。」と叫んで、何《ど》うしたのか初野は灯火を背後に身を捩《よじ》つた。

「ほゝゝゝ、宜しいぢやありませんか。」

「だツて。」

(傍点原文著者)

驚いたことに、この回の『読売新聞』の一面には、鏑木清方が描いた初野の裸体が掲載されています(次頁図)。艶本《えんぽん》が規制されていたこの時期に、初野の裸体が新聞の一面に掲載された

読売新聞，1903（明治36）年3月14日，朝刊，1面

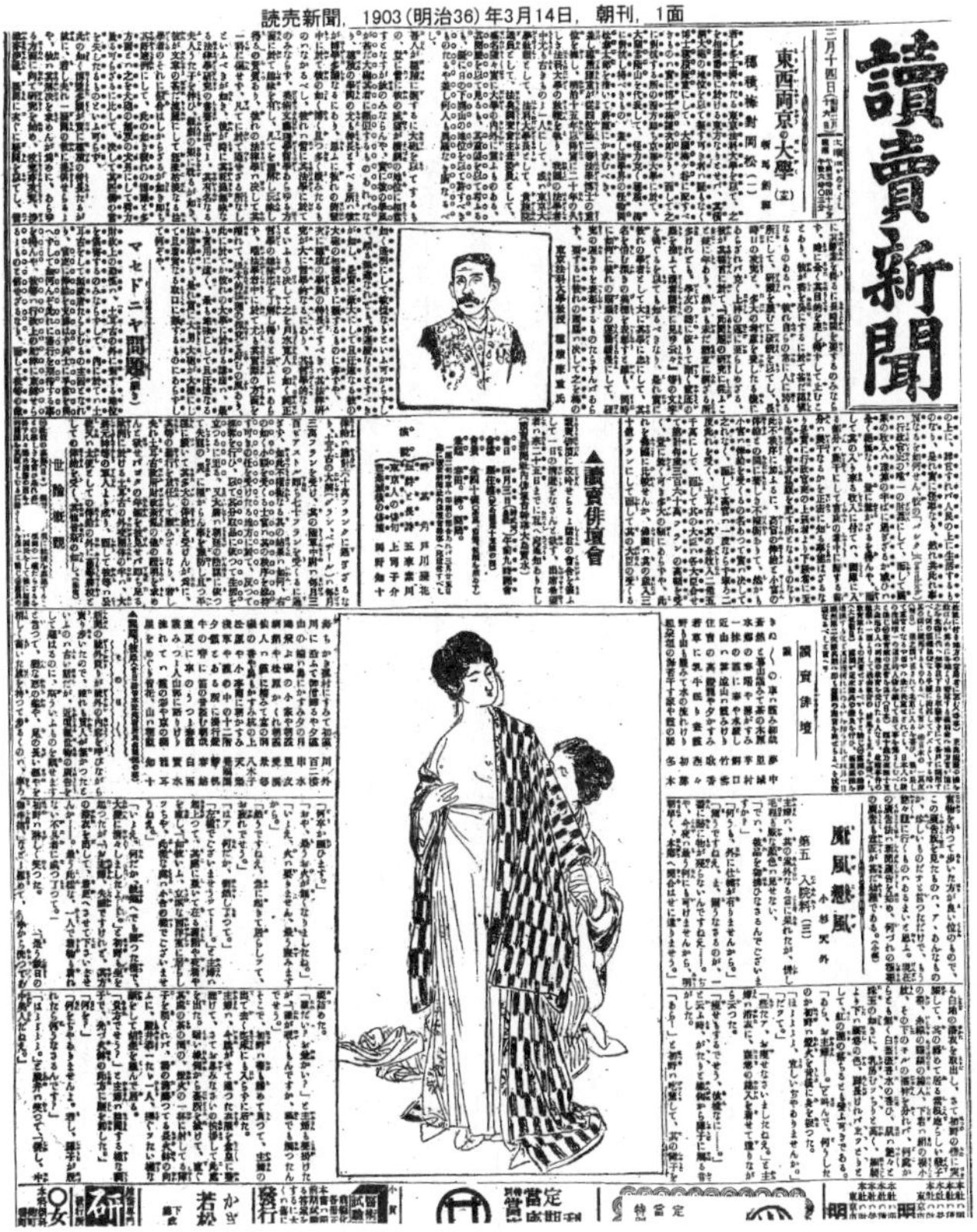

小杉天外『魔風恋風』連載第5回，読売新聞，1903年3月14日

ということは、女子学生を性の対象物として見る傾向がかなり普及していたことを示しています。

教育を受けた中流家庭のお嬢さまである女子学生が、なぜ、性の対象物として見られるようになったのでしょうか。それには、大きく二つの理由が考えられます。

ひとつは、比較文学研究の佐伯順子が『「色」と「愛」の比較文化史』(一九九八)で指摘しているように、西洋から輸入された「愛」の概念を成就するために、最も適した恋愛相手と考えられたのが女子学生だったからです。江戸文学の主要なテーマは、男性と芸技や遊女の「色」でした。色文学が描く文化の内部には、崇高な芸術や技巧とともに肉体関係も自然な形で含まれていました。芸技や遊女の中には、「観音」とあがめられた人たちもいたそうです。

ところが、近代以降日本に本格的に入ってきたキリスト教は、精神と肉体の分離を教義としていました。その結果、男性と芸技や遊女の関係は肉体関係のみに矮小化されてしまい、かわりに、精神的な愛に基づいた処女との関係が良いとされたのです。特に、知識層の男性は、女性との精神的な愛の関係を理想としました。いわゆる「恋愛」の誕生です。

そこで、知識層の男性と精神的な関係を築けるだけの教養のある女性として「恋愛」の対象に選ばれたのが女子学生でした。芸技や遊女にかわって、近代小説は、女子学生を近代的な恋愛の対象として選んだのです。

この段階では、まだ小説に登場する女子学生は精神的な愛の対象でした。けれども、二つめの理由が、小説における女子学生のセクシュアリティ化をさらに進行させます。

それは、女子学生の堕落を描いた作品を求める小説読者の存在でした。女子学生は、教育を受けた良家の娘たちでした。これに対して小説読者は、女子学生のスキャンダルを求めたのです。近代文学研究の菅聡子は『メディアの時代』(二〇〇一)で、新聞読者が、「聖性」に徴《しるし》づけられた女子学生が性的に堕落していくスキャンダルを望んでいたために、新聞小説における女子学生は、「つねに〈堕落〉をその中核に据えることになる」と指摘しています。女子学生のセクシュアリティ化は、読者が求めていた女子学生の堕落への好奇心にメディアが応える形で生み出されたといえます。

セクシュアリティ

女子学生のセクシュアリティ化は、「てよだわ言葉」のセクシュアリティ化も促進しました。そして、セクシュアリティとの結びつきが「てよだわ言葉」から「女学生ことば」への変換を完了させたのです。

女子学生を最も直接に性の対象物として表したのが、ポルノ小説です。女子学生は、ポルノ小説の主要人物として登場し、性交の際も「てよだわ言葉」を使いました。

当時は艶本が厳しく統制されていたため作者も刊行年も確定できないのですが、一九〇七年から一一年の間に書かれたと推定されている小栗風葉の『袖と袖』もそのひとつです。この小説では、三人の女子学生がお互いに、そして、複数の男と性交を繰り返します。

そして、この作品の中では、登場するすべての女子学生はいつも女学生ことばを話しています。性の対象物として、ポルノ小説で描かれる女子学生によって使われることにより、女学生ことばもセクシュアリティの言葉に変わってきました。

しかし、女学生ことばが表現するセクシュアリティには、特別な意味合いがあったようです。たとえば、『袖と袖』には、田舎から東京に出てきた「お照」という少女も登場するのですが、お照は決して女学生ことばを使いません。

この違いは、本章の冒頭で挙げた、お照と同じ二二歳の女子学生の「君子」が、同じ男性「要之助」と性交する場面と比較するとより鮮明になります。比較のために、君子の例ももう一度挙げておきます。君子は「てよ・のよ」を使い、お照は「ます」を使っています。(『袖と袖』復刻版、河出書房新社、一九九八年)

君子（女学生）「私も行ってよ、もう行ってよ、ああ心が……脱けっちまいそう……ああ好いのよ……フウ〳〵ハア〳〵」

お照「好い〳〵要、要之……助……様。私……もう行きます、ああ……行きます、」

性の対象物とみなされたあとも、女学生の社会的地位は、そのセクシュアリティをお照のセクシュアリティとはっきり区別していました。実際、話の最後で、女学生たちは法学士や某実業家の令夫人になったと語られているのですが、お照の行方は知れません。

標準語のセクシュアリティ

女学生の高い地位は、女学生ことばによって表現されるセクシュアリティと他のセクシュアリティを区別する機能を持っていました。明治期の女性は、セクシュアリティと言葉づかいによって三つのグループに分けることができます。

最も明確に性の対象物だったのは芸妓や遊女で、彼女たちはその地区特有の言葉づかいに特徴づけられていました。反対に、最も性の対象物から遠いのは、上流家庭の妻たちで、彼女たちは標準語の使用によって表象されていました。

この中間に位置していたのが、「未亡人・継母・女中」という差別語で呼ばれていた女性たちです。社会学者の三橋修は、これらの社会的な印を付された女性たちは明治初期に性の対象物とみなされていたこと、さらに、彼女たちのイメージは「非標準語の使用」と結びついていたと論じています(『明治のセクシュアリティ・差別の心性史』一九九九年)。

女学生ことばが表現するセクシュアリティは、女学生の社会階級と若さに特徴づけられ、芸妓や遊女のセクシュアリティとは異なる「あどけない」セクシュアリティとして肯定的に受け入れられました。尾崎紅葉は、この言葉づかいを「あどけなくて嬉《うれ》しとのたまふ紳士もありやに聞く」と証言しています(「流行言葉」)。本田和子はこの「あどけなさ」を、女学生ことばの持つ「盛んに発話されながら、その実、明確な伝達を避ける無責任性」と表現しています(『女学生の系譜』)。女学生ことばとセクシュアリティの結びつきは、性が最も厳格に抑圧されるべき上流標準語の世界にセクシュアリティを持ち込んだといえます。こうして、すべての女性が性の対象物になりました。

女学生ことばがセクシュアリティと結びつくと、小説家は年長の上流女性のセクシュアリティを女学生ことばで表現できるようになりました。ただし、上流女性が女学生ことばを使うのは、男性に愛を告白する場面に限られています。

前述した草村北星の『浜子』には、令嬢「浜子」(二三歳)が、結婚した男爵家を出て、以前から愛している「松波謙次郎」に会う場面が何度かあります。そして、浜子は謙次郎に対してだけ「本当に口惜しかつたんだわ」と「てよ・だわ」を使うのです。この変化は、「次第に言葉遣ひも初々しく、子供のやうになつて来て」と描写されています。

二葉亭四迷の『其面影』(明治三九＝一九〇六)は、夫と死別した「小夜子」が、義兄の「哲也」と愛し合うようになるお話です。そして、小夜子が「ぢゃ、私お伴してよ」と「てよ」を使うのも、哲也と互いの愛情を確認し合うときだけなのです。そして、この変化にも、「言葉遣ひ迄が急に違つて」と注意書きが添えられています。

夏目漱石の『それから』(明治四二＝一九〇九)は、主人公の「代助」が友人の平岡の妻「三千代」に愛を告白する物語です。代助が愛を告白する場面では、三千代は「僻目《ひがめ》でも何でも可《よ》くつてよ」「余《あんま》りだわ」「左様《そう》ぢゃないのよ」と「てよ・だわ・のよ」をたくさん使っています。

そして、三千代が「女学生ことば」を使うのも、この場面だけなのです。

作家が注意書きを施してまで年長の女性に女学生ことばを使わせたのは、芸妓や遊女とは違うセクシュアリティを表現できる言葉には、女学生ことばしかなかったからでしょう。

女学生ことばの力

女子学生の中には、卒業後も女学生ことばを使っていた人がいました。日本文化研究の川村邦光は『女学世界』の投稿文を分析していますが、そこには、女学校を卒業したあと日本各地の故郷や植民地に戻った女性読者からの手紙が含まれています。これらの女性たちは、日常生活では地域の言葉を使っていたはずですが、雑誌への投稿では女学生ことばを使い続けました。

女性たちは、共通の文体を使って雑誌に投稿することで、「一様の共通したことばやことば遣いによる〝物語〟的コミュニケーションを通じて、独自の共同のイメージ世界、すなわち〈想像の共同体〉の構築を志向し」たのです（川村邦光『オトメの祈り』一九九三年）。女学生ことばは、現実世界から遊離した「学園世界」の記憶に浮かぶ女学生の自己イメージを喚起していたのではないでしょうか。

この事実は、「女学生」というアイデンティティも「女学生ことば」というカテゴリーも、実態のない抽象的なイデオロギーであることを端的に示しています。「女学生」とは、現実に存在する集団ではなく、服装や言語などの象徴体系によって作り出されたアイデンティティです。同様に、「女学生ことば」も、日常的な言葉づかいではなく、小説や識者の論評によって作り上げられた、ひとつの言語イデオロギーだということになります。

ここで重要なのは、女学生ことばは女子学生が使ったから自然に生まれたのではないという点です。私たちは、実際の女子学生はさまざまな言葉づかいをしており、「てよだわ言葉」はそのうちのひとつにすぎないことを見てきました。しかし当時の言説は、「てよだわ言葉」を小説に登場する堕落した軽薄な女子学生に使わせる一方で、批判し、揶揄することで「女学生ことば」に作り上げたのです。

ジェンダー化し国民化する

女学生ことばの誕生は、束ね髪や海老茶袴とともに、「女学生」という新しいアイデンティティも作り出しました。女学生ことばが誕生する以前に「女学生」というアイデンティティは存在していなかったのです。

ここでこれまで留保してきた点、すなわち「女子学生」と「女学生」がどう違うのかについて確認しておきましょう。「女子学生」と「女学生」の最も大きな違いは、前者が単に学生になった女子として男子学生と対比されるのに比べて、後者は、芸妓や遊女とは異なるセクシュアリティによって特徴づけられ、男性ではなくその他の女性（たとえば、上流家庭の妻や未亡人、継母、女中と呼ばれていた女性たち）と対比されるカテゴリーだという点です。「女学生」とは、女子学生を、階級やセクシュアリティの種類によって、その他の女性から区別するアイデンティティでした。

なぜ「てよだわ言葉」は、セクシュアリティと結びついた女学生ことばに変換されてしまったのでしょうか。なぜ、女学生という新しいアイデンティティが作られたのでしょうか。

これまで見てきた「言説」を可能にした社会変化には、「国語」の創生を提唱した言文一致運動が生み出した「小説」という形式、その小説や識者の論評を広く世間に普及させた出版メディア資本の発達、そして、学制により識字力を獲得してそれらのメディアを消費することが可能になった読者の存在があります。

けれども、最も重要な社会的背景は、「ジェンダー化された国民化」です。三章で見たように、明治時代には、男性国民には労働力・兵力として第一の国民の働きを期待し、女性国民には良妻賢母として第二の国民の働きを期待するという形で、ジェンダーによる不均等な関係を生み出しながら国民化が進められました。

これに対して、新しく発生した女子学生は、「ジェンダー化された国民化」をおびやかす危険を抱えた存在であったと言えます。女子学生が学校で学んだ漢語や西洋語を使うことは、女性が知識や西洋近代に結びつくことを意味しています。これは、良妻賢母とはまったく相容れない流れです。このような危険を抱えた女子学生を、なんとかする必要が生じました。

そこで、この危険を回避するために考え出されたのが、セクシュアリティに彩られた「女学生」というカテゴリーです。女子学生を「女学生」に収斂させることは、女子学生を、男子学生と対等な近代国民になりうる危険な存在から、あくまで男の性の対象物として愛でられる存在に変換することです。国民の形成に必須である妻・母役割から逸脱する可能性を持っている女子学生の危険性を取り除くことです。女子学生を「女学生」に変換することは、「ジェンダー化された国民化」の脅威であった女子学生の危険性をあらかじめ排除することだったのです。

「よくってよ」小説

男に愛される新しい「女学生」像は、女子学生にとっても魅力的でした。事実、女学生ことばを話す女学生が登場する小説は、学校が禁止しても女子学生たちに熱狂的に読まれました。内田魯庵は「文学者となる法」(一八九四)で、「教師の眼を窃《ぬす》んでは「よくツてよ」派小説に現《うつつ》を抜かすは此頃の女生徒気質なり」と指摘しています。中には、小説の中で使われている女学生ことばを日常的にまねをする女子学生もいたことは、前に読んだ通りです。それは、とかく批判されることが多かった学問する中流の若い女性でも、性の対象として男性に愛される可能性を女学生ことばが示してくれたからです。女学生ことばのセクシュアリティ化は、教育ある若い女性を良妻賢母に駆り立てることに成功したのです。

私は序章で、「女ことば」がメディアの会話から知識として学ぶものだとしたら、メディアはなぜ、男女の登場人物に異なる話し方をさせて「女ことば」の知識を発信してきたのか、という問いを立てましたが、ここにはそのひとつの答えが示されています。

これまで見てきたように、女学生ことばが数多くの小説に使われるようになった背景には、西洋女性にぴったりの言葉づかいを探していた作家たちの欲求があり、「ジェンダー化された国民化」をおびやかす危険を抱えた女子学生に対する批判的な目があり、そして、良家の子女の堕落を望む新聞読者の欲望があるなどさまざまな社会変化がありました。さらには、女学生ことばが、女子学生だけでなく一般の女性たちにもまねをされるようになった一因には、女学生ことば特有の「あどけない」セクシュアリティと高い階級性という意味づけがあります。

これら明治時代の政治・性・メディアにかかわる社会変化が、個々の作家の意図を超えて、女学生ことばの使用を可能にし、意味を持たせ、普及させ、小説が女学生ことばの知識を発信し続ける要因となったのです。

内なる他者、女性国民

一方、女学生ことばは、注意深く国語から排除されていました。三章で見たように、女学生ことばは、この時期の口語文典や国語読本にまったく取り入れられませんでした。知識人が「下賤な起源」を作り出してまで女学生ことばを否定しなければならなかったのは、女学生ことばが正統な国語としての地位を獲得する可能性をあらかじめ排除するためです。女学生の象徴である女学生ことばを国語から排除することは、女学生が正統な国語の使用者、つまり、第一の国民としてのアイデンティティを獲得する可能性も排除します。「女学生」は、女子学生を、女学校という限られた時間と空間の中だけで認められる存在にしたのです。

つまり、この時代には、「女学生ことば」という女性化された言語イデオロギーが作り出されましたが、「女学生ことば」には「正統な国語ではない」という否定的な意味づけが与えられていたのです。

このように、女性化された言語イデオロギーを作り出すと同時に否定するという手法は、男性国民の純度と統合を高めるための効果的な戦略であったと考えられます。

歴史学者の成田龍一は、国民化の過程には、外部の他者だけでなく内なる他者の創出が不可欠であるため、「われわれ」と諸外国の「かれら」を区別したのちは、「次第に「われわれ」内部の差異にも比重をかけるようになる」と指摘しています(「『少年世界』と読書する少年たち」『思想』一九九四年)。成田が内部の差異を作り出す要因として挙げているのは、性別に加えて、父親の職業や学業達成などです。

これに対して、日本文学者の久米依子は、父親の職業や学業達成などのように「個人の努力や幸運によって克服・変更可能な差異」と、性別のように「決して乗り越えられない解消されない差異」の違いを指摘しています。

変更することができないと考えられている「性別」という差異を持ち出すことは、「内なる他者」としての女を「否定的媒介項として、中心となる「われわれ」＝日本人男子の純度・一体感は〔を〕さらに高め」るための最も有効な戦略なのです(「少女小説――差異と規範の言説装置」、小森陽一ほか編『メディア・表象・イデオロギー』一九九七年)。

教育ある中流男性以外の集団は、誰でも「内なる他者」になり得ます。先に見たように、方言だけでなく、中流以下の男子の言葉も「国語」から排除されていました。しかし、女の排除は、決して解消されない性別に基づいているために、最も効果的なのです。

「女学生ことば」のような女性化された言語イデオロギーを作り出すと同時に否定的な意味づけを与えて、言葉の側面から女性を「内なる他者」にすることは、男性国民の純度や一体感を高める有効な戦略だと言えます。

ちょうど「標準語」を成立させるために「方言」という否定項が作り出されたように、近代日本語の成立には、「女学生ことば」のような女性性と結びついた否定項が求められたのです。

女の創造性を取り込む

「てよだわ言葉」は、女子学生自身が新しいアイデンティティを創造するひとつの方法として使い始めた言葉です。ところが、女子学生が創造した「てよだわ言葉」は、セクシュアリティと結びついた「女学生ことば」に変換されてしまいました。女子学生たちの言語的創造性が、「ジェンダー化された国民化」を確実にするために利用されてしまったのです。

ちょうど、二章で女房たちが創造した女房詞が女らしい話し方の規範に取り込まれてしまったように、女子学生たちが使い始めた「てよだわ言葉」も、否定され、軽薄さの意味づけをされ、「女学生ことば」に変換されてしまいました。

これは、女ことばが作られるときに、どのようなプロセスがあったのかという点について、興味深い事実を示しています。江戸時代には、女性が使っていたさまざまな言葉づかいの中から女房詞を選び、女らしい話し方の規範を具体的にするというプロセスが観察されました。同様に、明治時代には、女子学生が使っていたさまざまな言葉づかいの中から「てよだわ言葉」を選び、「女学生」の表象として「女学生ことば」に変換するというプロセスが見られます。

つまり、女ことばを作り上げてきた重要なプロセスのひとつは、多様な女性の言葉づかいから取捨選択したものを、女ことばイデオロギーを補強するために利用するという手法なのです。序章で、「どのようにして、女性の多様な言葉づかいから女ことばというたったひとつのカテゴリーが形成されたのか」という問いを掲げました。その答えは、女性たちが使っているさまざまな言葉づかいの中から、女房や女子学生のような集団の言葉づかいを女性だけが使う（べき）言葉として提示することで、「女ことば」を作り出すというプロセスです。

これは、女ことばには、ことばの側面から性別を補強する働きがあることを示しています。江戸時代に女房詞が「女が使うべき語彙」として女訓書に列挙されたのは、男性とは違う「女らしい話し方」の規範を具体的にすることが、性別を明確にすることだったからです。また、明治時代に「てよだわ言葉」が女学生ことばに変換されたのも、国民を性によって区別するという政策に沿っていたからです。私たちは、女ことばは女らしさと結びついていると考えがちですが、女ことばは、ことばの側面から女性を男性から区別する働きをしているのです。

ここで興味深いのは、どちらも選ばれているのが一部の女性たちが作り出した新しい言葉づかいだという点です。これは、女性たちが昔から創造的にことばを使ってきたことを示しています。が同時に、女性たちの言語的な創造性は、ただ使っているだけでは正統な日本語として認められません。

その理由は、新しい言葉づかいの価値を決めるのは、その言葉づかいを創造した集団ではなく、その言葉づかいに「ついて語る」言説だからです。江戸時代の場合は、女房詞に「女らしい優雅な言葉」という価値を与えたのは、当時御所や屋敷で女房詞を使っていた人たちではなく、女訓書という言説でした。同様に、「てよだわ言葉」にセクシュアリティという価値を与えたのも、女子学生ではなく小説や識者の論評という言説です。

現代でも、ギャル言葉やおネエ言葉など、さまざまな人たちが新しいことばを創造しています。けれども、それらの新しい言葉づかいが、正統な日本語として認められるのか、あるいは女ことばの一部として取り込まれていくのか、はたまた一時の流行で終わってしまうのか、それを決めるのは、女性たち自身の言語行為ではなく、言語行為について語る言説、現代でいえば、メディアや辞書や教科書などの学問的言説なのです。

「国語」と「国民化」

ここで、明治・大正時代の「国語」「女らしい話し方」「書生言葉」「女学生ことば」という四つの言語イデオロギーの関係を整理しておきましょう。

まず、日本語全体のレベルでは、三章で見た「(男の)国語」と一章でみた「女らしい話し方の規範」がジェンダーによって区別されています。両者は、語られた言説でもはっきり区別されていました。「(男の)国語」は、日本の近代化や国力増強に不可欠な目標として、学問、政治、文学などの言説で語られました。一方、明治・大正期の「女らしい話し方の規範」は、女訓書や修身教科書で語られました。

次に、「書生言葉」と「女学生ことば」も、ジェンダーによって区別されています。書生言葉は、激しく批判されたり世間の注目を集める現象となることもなく、文典や読本によってすんなりと「国語」の中に取り入れられていきました。一方、女学生ことばは、「下賤な起源」を理由に批判されたり、軽薄さやセクシュアリティに結びつけられただけでなく、「国語」に取り入れられることもありませんでした。

これを別の視点から区別すると、「男らしさ、国語、書生言葉」が結びつき、「女らしさ、女らしい話し方の規範、女学生ことば」が結びついています。しかも、前者には、正統な標準や中心としてのイメージが与えられていましたが、後者には、標準から外れた例外のようなイメージが感じられます。これは、兵力・労働力としての男性国民と良妻賢母としての女性国民という当時のジェンダー化された国民化と一致しています。

ここで明らかにされているのは、言語イデオロギーと国家・国民・国語のすがたが密接に重なっているという事実です。女らしい話し方の規範や女学生ことばなど女性性と結びついた言語イデオロギーは、国家・国民・国語の統合を高める否定項として、「国語」という理念の形成に欠くことのできない重要な役割を果たしたのです。

けれども、このような「女学生ことば」と「国語」の関係は、次章で扱う戦中期において劇的な変化を見せることになります。何が起こったのでしょうか？

第3部

女ことば礼賛

価値としての女ことば 1

女ことばは、日本女性が長い歴史を通じて大切にしてきた日本の伝統だとみなされています。けれども、これまで見てきたように、明治・大正時代には、女性と結びついた言葉は「伝統」として評価されるどころか、批判され、正統な「国語」から排除されていました。では、どのようにして女ことばは日本語の伝統になったのでしょうか。

五章 「女ことばは日本語の伝統だ」

日本を背負う言葉

正しき日本語が、清明なる日本語が将来の満洲に育つか否か。この事は大きな国家的問題である。そしてこの問題を果すべき大なる役割が、無意識に語られている婦人語に課せられていることを思ふときに、……真に慄然として国家の将来を憂へざるを得ないのである。

奉天市千代田小学校の訓導(教員)松本重雄は、このように語って満州の日本女性が使う日本語に幻滅していました(「満洲の婦人語」『満洲国語』第九号、一九四一年)。なぜ松本は、女性の日本語に落胆したのでしょうか。それは、日本女性の言葉づかいに日本語のすばらしさが表現されることを期待していたからです。だからこそ、日本女性が話している日本語に注意が向いて、それが自分の望んだ形でないことに気づいてしまった。そして、そのことを国家的問題だと認識したのです。

けれども、四章までたどってきた女ことばの歴史によれば、女性が話す日本語にこのような国家的な期待を寄せる松本の心情は理解できません。女性の言葉は批判され国語から排除されてきたはずです。なぜ松本は、女性の話す日本語と日本という国の将来をこれほど結びつけるようになったのでしょうか。

起源は女房詞と敬語

戦争中に起こった変化のひとつに、女ことばの「起源」に関する言説が発生したということがあります。まず、起源として取り上げられたのが、女房詞です。鷲留美は、「女房詞と女性のことばとを初めて結び付けて考察した」論考として、国語学者の菊澤季生《きくざわすえお》が昭和四(一九二九)年に書いた「婦人の言葉の特徴に就《つい》て」に注目しています(「女房詞の意味作用――天皇制・階層性・セクシュアリティ」『女性学年報』二一号、二〇〇〇年)。

鷲のこの指摘は、非常に重要です。なぜならば、現在でも「女房詞が女ことばの起源だ」と主張する研究者もいる中で、女房詞が女性のことばと結びつけて論じられたのは、昭和に入ってからだということを明らかにしたからです。

菊澤は、女房詞の四つの特徴を挙げ、この四つの特徴は昭和初期の女ことばにも通じると論じています。その特徴とは、「丁寧な言葉遣《ことばづかい》をすること」「上品な言葉を用いること」「婉曲な言葉」「ぎこちない漢語を避ける」の四つで、これらの特徴を持つ女房詞は「女らしさをよく発揮して甚だ優美なもの」だと結論づけています。

これ以降、菊澤が挙げた女房詞の四つの特徴は、昭和の女ことばの特徴として繰り返し言及されるようになります。たとえば、国語学者の石黒修《よしみ》は『美しい日本語』(一九四三)の中で、「女性語の特徴は、きれいで上品なこと、婉曲ないひあらはし方をすること、ていねいなこと、それに日本語の場合ではぎこちない漢語をさけることなどがある」と、菊澤の女房詞の四つの特徴をそのまま述べています。

「女ことば」の起源を女房詞とし、女房詞の特徴を「女ことば」の特徴とみなす言説が作られ続けていったのです。

一方、女房詞と並んで、この時期に女ことばの起源として取り上げられるようになったのが敬語です。言語学者であり、民俗文化研究でも知られる金田一京助は、『国語研究』(一九四二)の中で、「婦人語の特徴は、敬語の多いことであり、敬語の発達は、婦人語の発生と切つても切れない縁があるのである。故に敬語の起原を考へることは、婦人語の起原を考へることである」と述べています。

天皇制と女房詞

なぜ戦時中に、女房詞と敬語がことさら女ことばの起源として取り上げられたのでしょうか。その理由を探るために、女房詞や敬語がどのようなものと考えられていたのか見てみましょう。

まず、女房詞については、宮中から発生したという理由から、天皇家との連続性を強調する言説が多く見られます。先ほども挙げた菊澤季生は、「女房詞の起源は畏れ多くも内裏仙洞（上皇の御所）にあり、将軍家の女房達に及び、後次第に大名の奥方に、更に一般良家の家庭にと拡大普及せられて現代に及（んだ）」と述べて、女房詞を通して天皇家の優美さが女性のことばに継承されたという見方をしています（「国語位相論」『国語科学講座Ⅲ』一九三三年）。

次に、敬語については、世界に誇るべき日本語の特色としての位置づけが多く見られます。国語教育研究者の廣幸亮三《ひろこうりょうぞう》は『標準口語法解説』（一九四二）の中で、「特に我が国語が敬語法に於いて特色を有することは、其の恭敬の念に富む国民性を雄弁に物語るものであって、敬語法に富んでいることは実に諸外国語に対する我が国語の一大特色である。」と、敬語は日本の国民性が作り出した日本語が誇るべき特色だとしています。

また、何でも天皇と結びつけて根拠や正統性を見出そうとする傾向が強い時代でしたので、敬語も天皇に対する尊敬から生まれた伝統であるとする意見まで現れました。

先に言及した長尾正憲の『女性と言葉』には、「礼儀と倫常を除いては、日本人の生活は有り得なかったこと、皇国の伝統が、常に美と崇貴にかかわっていたことを、特に女性は忘れてはならない。……女性の用いている敬語も凡て源流を畏《かしこ》くも至尊に発するものであることが忘れられてはいけない」とあります。

礼儀の根本である敬語は天皇への尊敬が起源であると言っているだけでなく、女性はそのことを忘れずに敬語を大切に使っていかなければならないとしています。

つまり戦中期には、女ことばの「起源」が語られ始めました。そして、天皇制を継承した優美なことばという意味づけが与えられた女房詞と、日本が誇るべき特色とされた敬語、この二つが女ことばの起源として取り上げられ始めたのです。

起源の捏造・伝統の創造

なぜ、女ことばの起源についての言説が発生し、このように価値づけされた女房詞や敬語が持ち出されたのでしょうか。それは、女ことばを「日本が古くから保ってきた伝統」と位置づけるためです。「伝統は創り出される」という視点を提案した歴史家のホブズボウムとレンジャーは、「伝統というものは常に歴史的につじつまのあう過去と連続性を築こうとするものである」と指摘しています（『創られた伝統』）。

このような操作が行われるのは、近代国家には伝統を創り出す必要があるからです。ひとつの国家という幻想を創り出すためには、ある程度まとまった人数の「国民」が、ある程度まとまった「国土」にいるだけでは十分ではありません。その国民すべてに共有された国民の歴史や国民の伝統を創り出すことが不可欠なのです。「同じ国家の国民である」という意識を持つためには、同じ歴史を共有し、同じ伝統を守ってきたという幻想が必要なのです。

「伝統は創り出される」という考え方を取り入れると、女房詞や敬語を女ことばの起源とすることは、「女ことばと過去の連続性を創り出す」行為であることに気づきます。この時点で女ことばは、天皇への敬意に端を発し女たちが守り続けてきた日本の伝統になったのです。

日本の誇り「女ことば」

これに加えて戦中期には、女ことばは日本語だけに見られる特徴で、これが日本語の優位、ひいては、日本の優位を示しているとする言説がたくさん発生します。

谷崎潤一郎は『文章読本』（一九三四）の中で、「この、**男の話す言葉と女の話す言葉と違うと云うことは、ひとり日本の口語のみが有する長所**でありまして、多分日本以外の何処《どこ》の国語にも類例がないでありましょう。」（太字原著者）と、ことばの性差は日本語だけに見られる特色だと主張しています。石黒修も『美しい日本語』で、「〔女性語は〕日本語のもつ美しさの一つであり、他の国語の追従をゆるさない」と述べています。

読者のみなさんは、女ことばは日本語にしかないとお考えでしょうか。もちろん日本語は、「婦人語」や「女性語」という項目が辞書にも載っていて、「あたし」のような人称詞や「だわ・かしら」のような文末詞によってはっきりと「女ことば」が認識されている言語です。他の言語に比べて、女ことばという言語カテゴリーの存在が広く認識されています。

しかし、女ことばという概念がどのくらい広く認識されているのかは違っても、どんな言語でもいわゆる男らしさや女らしさを表現する方法はあります。どの言語にも、大人らしさや子どもらしさを表現する方法があるのと同じです。けれども、谷崎潤一郎は、ここで「ひとり日本の口語のみが有する長所」と言っています。

言説が対象を作り出すという本書の考え方に従えば、むしろ、谷崎潤一郎のような言説が、女ことばを日本語だけが有する特徴にしたといえます。明治期には女性と結びついた言葉が国語から排除されていた事実を考慮すると、戦中期のこれらの言説が女ことばは日本語の優位の象徴だという認識を広く普及させたのではないでしょうか。

国語の守護者

女ことばが「日本語の伝統」に格上げされたことにより、女性国民にはその伝統を守ることで戦時体制に協力することが期待されるようになります。

『広辞苑』の編者として知られる新村出《しんむらいずる》は、『婦人之友』一九三八年九月号に掲載した文章「女性の言葉」の中で、「現代も将来も女性の言語よりの寄与は、殊に我邦の場合において重要視されるのである」と主張しています。

このような主張は、さらに、国語の伝統を守ってきたのは女性であり、女性は今後も国語を守っていかなければならないという主張も生み出します。長尾正憲の『女性と言葉』では、「国語の美を体得し、国語を愛護し、国語を育てたのが、我が女性の系譜であった。」「国語の正統を護持し、その醇正、優美、柔軟、簡素を永遠ならしめるのは、国語史の上より言えば、女性の力であり、女性の生命であることを忘れてはならない」と論じています。

金田一京助は、昭和一九(一九四四)年に日本女子大学校で行った講演で、男の言葉が乱れる戦時期にこそ女が国語の純正を守らなければならないと呼びかけています。（「日本国語の生長」の題で『国語の進路』一九四八年に収録）

而《しか》も男性の言語は先端を行ってややもすれば新知識の為にヂグザグにならうとする傾向があるに反し、之を制約して、美しく清く、浄化してゆく力は女性に多く負ふのである。現代女性語の男性語化は断じていけない。自らその天職を放棄するものである。国語の愛護と美しい保育を、女性に向かって声を大にして呼ばずに居れない所以《ゆえん》である。

悲壮感さえ漂う内容ですが、賢明な読者は、このような呼びかけに驚かれたのではないでしょうか。私たちは、少し前まで、女性と結びついた言葉づかいは国語から排除されていたことを見てきました。明治時代には、「あたい」は男児も使っていたのに、女性の言葉だからという理由で国語とは認められませんでした。書生言葉はスムーズに国語に取り入れられていったのに、女学生ことばはまったく国語に含まれることはなかったのです。

ところがここでは、女性はずっと国語を守ってきたことになっています。まさに過去の伝統が、現在の時点で創られているのです。

このように戦中期には、女ことばは、天皇制に源流を持つ日本の伝統であり、他言語に見られない日本語の優位な特徴として再定義されただけでなく、女性国民には、天皇制国家の伝統である国語の守護者としての役割が求められました。女性は国語を慈しみ守ってきた国語の母となったのです。

なぜ、女ことばは突然日本の伝統として賞賛されるようになったのでしょうか。なぜ、女ことばを日本語の伝統として賞賛する言説が、戦中期にたくさん発生し、普及したのでしょうか。

植民地政策

その答えを探るためには、戦中期の国語を取り巻く状況を考慮する必要があります。明治以降の日本の近代化は、戦争侵略による東アジアの植民地化という側面を持っています。日清戦争に勝利した日本は、明治二八(一八九五)年に台湾を占領し、日露戦争後の明治四三(一九一〇)年には朝鮮を併合しました。

昭和に入ると、昭和六(一九三一)年の満州事変により、翌年には満州国が建国されます。さらにその翌年(一九三三年)には、これに反対した国際連盟を脱退し、昭和一二(一九三七)年には、日中戦争を開始して、インドシナ方面への進駐を続けました。昭和一六(一九四一)年に真珠湾を奇襲して太平洋戦争がはじまった後も、日本軍はシンガポールを占領しています。

東アジアの植民地では、同化政策のもと、植民地の人々に「日本精神」を植え付けるという新しい役割が「国語」に期待されました。同化政策というのは、植民地の人々を差別せず、日本人と同じように処遇しようという、アジア侵略を正当化するための国内向けのスローガンです。日本語を使えば、植民地の人々も日本人と同じように皇国臣民になると言われました。

大槻文彦は、国語調査委員会編『口語法別記』（大正六＝一九一七）のはしがきで「台湾朝鮮が、御国の内に入って、その土人《ママ》を御国の人に化するようにするには、御国の口語を教え込むのが第一である」と述べています。

恥ずかしいことに、台湾や朝鮮の人たちを「土人」と呼んでいますが、その主旨は、日本語を教えることが植民地の人たちに日本精神を教えるためには一番良い方法だということです。

植民地における言語政策を詳細に検討した安田敏朗は、「日本語が「国語」即ち「国家の言語」「国民の言語」となった以上、（植民地の人々も）それを話さなければならないという論理が登場し」たと指摘しています（『帝国日本の言語編制』一九九七年）。

植民地朝鮮では、一九一一年、一九二二年、一九三八年の三回の教育令によって学校での日本語教授が促進され、一九四〇年には、創氏改名により日本名の使用が強制されました。

なぜ、日本語が植民地の統治に有効だと考えられたのでしょうか。軍事政府は天皇による大東亜共栄圏の統治を構想していました。しかし、少し考えれば分かるように、日本人が天皇を崇拝しているからといって、植民地の人々にもすぐに天皇を崇拝させるにはその歴史も宗教観も違いすぎます。ほとんどの人にとって天皇は、自国を侵略する軍隊の大将というイメージだったでしょう。

そこで注目されたのが、すでに上田万年が「日本人の精神的血液だ」と宣言していた「国語」という概念です(本書三章参照)。この「日本人の精神的血液」を、戦時中の「日本精神」、すなわち、天皇への忠誠心に読み替えて、日本語を使わせることが植民地の統治に有効だと主張したのです。

このように見てくると、国語による植民地統治という主張は、植民地向けというよりも、国内向けにアジア侵略を正当化する論理であることが分かります。植民地でも天皇を宗教的な崇拝の対象にするという論理が、同化政策という日本国内の建前から見ても無理があったために、かわりに、日本語を前面に持っていったのです。

一九四〇年代には大東亜共栄圏の構想が提案され、国語の教授が植民地統治の成功に不可欠だという国語学者の主張が繰り返されます。たとえば、石井庄司は「中等学校の国語教育」(一九四二)で、「今や東亜共栄圏の共通国語としての日本語の活躍が期待されている時で〔ある〕」と述べて、言語を通した共栄圏の統治を主張しています。

同様に、佐久間鼎《かなえ》も『日本語のために』(一九四二)の中で、「高度国防国家の体制は、高度の日本語統一を要求して来るでしょう。東亜共栄圏の確立のための共通語としての使命は、やはり日本語の高度の統一を要請します」と、言語による戦時体制の維持と植民地統治を主張しています。

このような言説が普及した時点で、日本の国語はたんなる言語ではなく、植民地の人々を天皇への忠誠によってひとつにまとめ上げる「日本精神」の象徴となりました。

ひとつではなかった国語

けれども、日本語を強制されることに対する現地の抵抗に加えて、日本語を教授すること自体にも大きなむずかしさがあったようです。そのむずかしさを伝える興味深いエピソードを、前掲のイ・ヨンスクが『「国語」という思想』で紹介しています。

昭和一六(一九四一)年に、植民地における国語教育について話し合うために、第二回国語対策協議会が開催されました。ところが、この会議で問題になったのは、日本語をいかに教えるかではなく、現地の日本人や日本語教師の話す日本語だったのです。

当時の日本では、多くの地域語(いわゆる方言)が話されていました。日本から植民地にわたった人たちや日本語教師となった人たちも、当然のようにそれぞれの地域語を話していました。それが、問題になったのです。皮肉なことに、植民地における日本語教育を話し合おうとしたときに、日本国内にひとつの「国語」が存在しない事実に突き当たってしまったのです。

日本文学研究者の小森陽一は、「そうであればこそ、逆に「内地」から海を隔てた「帝国の延長」の地において、より幻想的に「単国語」の存在が、その不在にもかかわらず欲望されなければならなかったのである」と指摘しています(『日本語の近代』二〇〇〇年)。

本当は日本国内でも、てんでんばらばらに地域語を話していた。そうであればこそ、植民地で日本語を教えていた日本人は、あたかもひとつの国語が存在するかのような身ぶりで植民地統治に協力しなければならなかったのです。

日本語の優秀さの証

このような状況の中で求められたのは、日本語の優秀さ、日本文化の優秀さを裏づける日本語の特徴でした。なぜ日本語を強制するのか。それは、日本が優れているからです、日本語が優れているからです、という形で日本語を教えることを正当化しなければならなかったのです。

戦前から国語政策に関与してきた保科孝一は、『大東亜共栄圏と国語政策』(一九四二)の中で、「すべて優秀なる国民の言語が、一般に強大な感化力を有するものであるから、共栄圏の盟主たる日本の言語が、当然その資格を具備している」と宣言しています。ちょっと苦しい宣言ですが、日本の国民は優秀なのだから、共栄圏のリーダーである日本の言語を使うのは当たり前なのだと強調しています。このような宣言を意味あるものにするためには、日本語が他の言語よりも優秀であると示すことが必要になりました。

そして、日本語の優秀さを裏づけるために最大限に利用されたのが女ことばです。実際、当時の文法書を見てみますと、国内の文法書よりも植民地の文法書のほうが国語の性別を強調しています。

たとえば、方言学者でもあった藤原与一の『日本語——共栄圏標準口語法』(昭和一九＝一九四四)は、日本語を学ばされていた満州や中国の人々向けの教科書ですが、同じ時期の国内の文法書と比べて、性別によることばの使い分けにとりわけ多くの記述をあてています。

人称詞については、「君」「僕」「俺」は「男子の用語」と説明しています。文末詞についても、「の」「わ」「よね」「のよ」「のねえ」「わよ」「わね」は女子用、「ぞ」「なあ」「な」「さ」

「かなあ」「なよ」「なね」は男子用と、性別によって細かく分けています。「わ」については、「男子が「暑いわねえ」などとは言はない。「わ」といふ文末助詞は、……女子の使ふものだからである。」「若い女子は、「知らないわよ。」など、「わ」「よ」を重複して使ふことが相当多い」。発問の「か」についても、若い男子は「君、今日は水曜日か。」、女子は「今日は水曜日？」と例を挙げ、「女子は「か」を添えないで言ふ。」と説明しています。

さらにこの教科書は、性別だけでなく、年齢や階級による言葉づかいの違いもことこまかに述べていて、あたかもこれらの使い分けの多様性によって、「日本語の繊細さ」「特異性」ひいては「優位性」を強調しているかのようなのです。

女ことばへの賞賛

なぜ、突然戦中期に、多くの国語学者が女性の言葉づかいに注目したのか。さらにはなぜ、その注目の対象が、古い女房詞であったり、敬語であったのか。またその論旨も、女房詞や敬語が「天皇に起源がある」とか、「男女のことばの違いは日本語にしかない」というものになったのか。

女ことばを、天皇を頂点とする宮廷に源流を持つ女房詞と結びつけることで「日本の伝統」

の根拠にしたり、他言語には見られない「日本語の特徴」だということにすれば、日本語の「優秀さ」や「他国に対する優越性」を裏づけるひとつの具体例にすることができます。女ことばを、天皇に結びつく伝統、他に類を見ない特徴として賞賛する言説がたくさん発生したのは、国内向けに「国語」の価値を高めるだけでなく、植民地での日本語教育、ひいては、日本の植民地支配を正当化するためだったのではないでしょうか。

このように見てきますと、「女ことばは日本語の伝統だ」という考え方も、残念ながら「創られた伝統」だと言わざるを得ません。しかも、女ことばが「日本語の伝統」になった契機のひとつは、日本が東アジアの植民地化を日本語の強制によって行ったという事実でもあるのです。

日本語の伝統だと思っていた女ことばが、戦時政策の影響を受けていたという事実は衝撃です。けれども、日本が戦争をしたことは事実ですし、戦中期にその時局を正当化する言説が普及したことも事実です。私たちがすべきことは、戦中期に極端な言説を発表した人々を後世から非難することではなく、「戦争のためには日本語も利用された」という事実を受け止めて、そこから「日本語の伝統」について考えることではないでしょうか。

ナショナリズムの時間的矛盾

ではなぜ、ほかでもない女ことばに天皇制国家の伝統という価値が与えられたのでしょうか。なぜ、たくさんある地域語やさまざまな階級のことばではなく、女ことばが選ばれたのでしょうか。それは、国家の根拠となるナショナリズムの概念が、女性性を過去に、男性性を未来に結びつけることで、その時間的矛盾を解消するからです。

ナショナリズムは、過去と未来という相反する方向に向かわざるを得ないという時間的矛盾をはらんでいます。先にも指摘した通り、同じ国家の国民であるという意識を持つためには、同じ歴史を共有し、同じ伝統を守ってきたという「幻想」が必要です。そのためには過去に向かう必要があります。しかし、もう一方では、現在の生活を近代的な国家建設という進歩として理解するために、未来に向かう必要もあるのです。ここに、ナショナリズムの成立に不可避の、「伝統の創造」と「近代化」(伝統の破壊)の並存という時間的矛盾が生じます。

そして、この時間的矛盾は、しばしばジェンダーの区分を比喩的に援用することによって乗り越えられてきました。

つまり、女性性(女らしさ)に過去の時間に属する国家的伝統、自然性、原型、継続性に関連する領域を結びつけ、男性性(男らしさ)に近代的な進歩や非継続な革新性に関連する領域を結びつけ、両者を区別した上で共存させることで、ナショナリズムのはらむ時間的矛盾を解決してきたのです。

たとえば明治政府は、髪型について男女に異なる制度を創出しました。男子には断髪をすすめる一方で、女子の短髪は禁止したのです。急激な社会変化に直面した人たちは、女性性を過去や伝統につなぎとめることで、その不安を軽減しようとするのです。

ナショナリズムの抱え込む「時間的矛盾」が、女性性を過去に結びつけることで乗り越えられるのだとしたら、女ことばが天皇制国家の伝統の象徴として選ばれたのは必然だったと言えます。戦中期は、強力な国家主義を推進していく一方で、戦争遂行に対する大いなる不安を抱えていた時期でした。植民地の人々に日本語を強制するという政策の一方で、国内にも統一された国語がないという不安を抱えていた時期でもありました。女ことばに「国語の伝統」という価値が与えられた背景には、このような事情があったのです。

変われない女ことば

天皇制国家の伝統としての価値を与えられた女ことばは、変化を許されない概念となりました。なぜならば、女ことばが変わることは、たんに「女性が女らしくなくなる」ことを意味するのではなく、天皇制国家の伝統が喪失し変化することになってしまうからです。

確かにこの時期、多くの国語学者が、女ことばの使用を女性国民の第一の責務とみなしています。金田一京助は『国語研究』で、「一人前の日本婦人となるのには、何はともあれ、この伝統的な日本婦人語、世界に類の無い精妙な敬語法をまづ身につけ〔る〕べきである。」と主張しました。また、木枝増一は『言葉遣の作法』(一九四三)で、「若し若い女子が「僕」とか「君」とかつかつたとしたら、……さういふ女子は日本の女子でないと言はなければなりません。」とまで言っています。

「日本の女子でないのならば、どこの女子なのか」とツッコミを入れたくなりますが、このように女性に女ことばを使わせることに感情的に固執する主張が現れたのも、天皇制国家の伝統が変化することへのおそれの裏返しだと言えます。

本章の冒頭に挙げた奉天市小学校の教員が女性の言葉づかいに落胆した背景には、女ことばが天皇制国家の伝統を象徴するまでになっていたという事情があったのです。

戦後も続いた伝統化

「女ことばは国語の伝統だ」という認識は、戦後も継続して維持されていきました。このことは、辞書の記載にも表れています。日本の辞書がはじめて女ことばに類する言葉を掲載したのは、昭和五〇年代だと考えられます。それ以前の辞書には、たとえば、大正一〇(一九二一)年に落合直文が編纂した『言泉』、昭和七(一九三二)年の『大言海』(大槻文彦編)、昭和三〇(一九五五)年の『広辞苑』一版(新村出編)、昭和三一(一九五六)年の『新訂大言海』(大槻文彦編)には、女の言葉に関する語は掲載されていません。

ところが、昭和四四(一九六九)年の『広辞苑』二版補訂版(新村出編)から、「女」の項目の中に、「――ごと【女言】女のことば。女のする議論。」という記述が登場しています。

これ以降、昭和五八(一九八三)年の『広辞苑』三版(新村出編)では、「婦人」の項に、「【婦人語】単語・文体・発音などにあらわれる女性特有の言いまわし。平安時代には漢語を避けるなどあったが、特に室町時代以降の女房詞・遊女語などで顕著に見られた。現代語でも、接頭語の「お」、終助詞の「さ」「よ」「わ」のほか、語彙・発音の面でも見られる。女性語」という記述が見られます。

同様に、昭和六三(一九八八)年の『大辞林』一版(松村明編)でも、当たり前のように、「女性」の項に【女性語】があり、「女性特有の言葉、あるいは表現。終助詞の「の」「よ」「わ」「かしら」、感動詞の「あら」「まあ」、接頭語の「お」、敬語の「ませ」「まし」などの類。古くは、宮中・斎宮・尼門跡・遊里などに特有の女性語があった。婦人語」とあります。

両方とも、「平安時代」「室町時代」「女房詞」「遊女語」「宮中・斎宮・尼門跡・遊里」など、過去に言及することで、あたかも「婦人語」や「女性語」が昔からあったかのように記述しています。ここに見られるのも、まさに、過去との連続性を築く言説が、女ことばを日本語の伝統にするという実践です。

女性の言葉の乱れが気になる

現在でも、多くの日本人が女性の言葉づかいの変化に驚くほど敏感です。新聞の投書欄で毎日のように嘆かれているのも、若者と女性の言葉の乱れです。戦中期の満州で小学校の教員が落胆したように、私たちも女性の言葉づかいに落胆し続けているのです。

けれども、考えてみれば、言葉が乱れているのは女性に限りません。先に見たように、戦時中も、女性に限らず日本語教師の使う言葉づかいが問題になっていました。にもかかわらず私たちは、どうしても女性の言葉づかいの乱れに気づいてしまうのです。なぜでしょうか。

それは、戦時中に女ことばが「日本語の伝統」になったために、そして現在でも、その意味づけが残っているために、「日本女性は女ことばを話している」という幻想が、日本の伝統が保たれていることの象徴とみなされているからです。極端なことを言えば、社会がどんなに変化し、先行きの分からない不安を抱えていても、女が女ことばを話している限り、日本の伝統は保たれていると安心するのではないでしょうか。

誰の言葉の乱れよりも、「女性の」言葉の乱れが気になり、女性が自分の予想したように女らしく話していないと、まるで自分が卑しめられたかのように腹が立つのは、私たちが現在でもナショナリズムの時間的矛盾に不安を感じていることの裏返しなのかもしれません。

本章では、女ことばが日本語の伝統になったのは戦中期であることを確認しました。次章では、戦中期に起こったもうひとつの変化に注目していきましょう。

六章　「日本語には女ことばがある」

「日本語には女ことばがある」というのは私たちにとっては常識です。けれども、これまでの章では、明治・大正時代には、女性と結びついた言葉や女学生ことばは教科書や読本によって規定されつつあった「国語」に取り入れられなかったことを見てきました。ではなぜ、「日本語には女ことばがある」という考えが広く認められるようになったのでしょうか。それは、前章で見た、「女ことばは国語の伝統だ」という考え方と、どのような関係にあるのでしょうか。

女性の言葉と兵隊の言葉

女性の言葉の力はかような時代に於て、兵隊の厳粛な簡潔な決意と責任の言葉と共に、愛と慰藉と親和の言葉として、戦うものの団結を強め協同の心を高めるのである。

これまでの章でもたびたび引用してきた、国語学者の長尾正憲『女性と言葉』からの一文です。長尾は、戦時中の女性の言葉を兵隊の言葉と対比して、両者を車の両輪のように戦時体制を支えるものとして概念化しています。戦時体制の中で女性に「銃後の守り」が期待されたように、女性の言葉には「愛と慰藉と親和」の役割があてがわれています。

この言説からは、国語と女性の言葉との関係が戦争中に大きく変化したことが読み取れます。女性と結びついた言葉づかいは、明治・大正時代までは国語から排除されていましたが、ここではしっかり、国語の大切な一部として認められているだけでなく、兵隊の言葉とともにお国の役に立つことが期待されているのです。

このような変化の背景には、どのような社会変化があったのでしょうか。

言葉の性差

戦中期の言説が明治期と大きく違っているのは、「言葉の性差」についての言及が増加したことです。三章で見たように、明治期の言文一致論争では言葉の性差についての言及はほとんど見られませんでした。国語の話し手が男性であることがあまりにも当たり前だったので、国語の性別はわざわざ論じられることが少なかったのです。

ところが、戦中期には「日本語の話し手は性によって異なる言葉づかいをしているし、そうすべきだ」という発言が増加するのです。

国語学者の松下大三郎は、『標準日本口語法』(一九三〇)で、「婦人は年齢に拘らず美称を用いなければ言語が粗野に聞こえる。……これに反して青年の男子は美称を用いては言語が女らしく柔弱に聞こえていけない。」と述べて「柔弱な」女性の言葉と「粗野な」男性の言葉の区別を重要視しています。

谷崎潤一郎は『文章読本』(一九三四)の中で、書き言葉における性別の区別を主張しています。「男女平等と云うのは、女を男にしてしまう意味でない以上、又日本文には作者の性を区別する方法が備わっている以上、女の書く物には女らしい優しさが欲しい」と述べています。男子なら「父が云った」「母が云った」でも良いが、女子は、「お父様がおっしゃいました」「お母様がおっしゃいました」と書いたほうが良いというのです。

新村出が雑誌『婦人之友』に寄せた「女性の言葉」という文章については前章でもふれましたが、国語に関して男女は平等であるけれども、男女の言葉が接近してきたと指摘し、「然し言語上階級や両性の差別にも接近にもおのづから限度がなければならぬ」と言葉の性別の大切さを主張しています。

随筆家の森田たまは『婦女読本』(一九四三)で、「明治の末期以来、だんだん言葉の格がくづれてきて、粗製濫造の外国語が輸入され、男女の言葉さへ混同するやうになつて、まつたく手のつけやうがなくなつてしまつた。」と、男女の言葉の接近を外来語の流入と同レベルの問題として嘆いています。

国語学者や文筆家たちのほか、この時期に言葉の性別を最も重要視したのは戦時体制下の政府でした。太平洋戦争を開始した昭和一六(一九四一)年、文部省は国民の礼儀作法を記した『礼法要項』を発行しました。さまざまな礼儀を取り上げている中で、「五 言葉遣ひ」の章では、上下の区別と並んで、性別によって違う言葉づかいをすることの大切さを強調しています。

たとえば——男子が使う敬語と女子の使う敬語は違っているものがあるから、気をつけなさい、女子は「吾輩」「吾々」「僕」を使うべきではない、目下の人には、男子は「キミ」で良いが、女子は「あなた」「おまえさん」を使ったほうがやさしい感じがする、返事は「うん」「ああ」は親しい人か目下の人だけに使い、婦人は絶対に使うべきではない、といったことを主張しています。『礼法要項』は、敬語から人称詞、返答まで、細かく「言葉の性別」を取り上げて、「凡《すべ》て男子は男子らしく、女子は女子らしい言葉を用ひる」ことを大切な礼儀としているのです。

このように、戦中期には「日本語は男女で異なる言葉づかいをする」という考えをはっきり述べる言説が急速に普及していきました。この変化は重要です。なぜならば、これらの言説によって、それまで学問の言説が無視していたために「国語」から排除されていた女性の言葉が、「婦人用」「女性用」「女言葉」としてはじめて国語の中に位置づけられたからです。

「例外」として

それでは、戦中期の文法書にはどのような傾向があるのでしょうか。一つは、明治時代の文典でも見られた傾向で、男性と結びついた言葉を「標準」として提示したあとに、女性の言葉を「例外」として付け加えるものです。このような記述の仕方は、「国語の基準は男性の言葉で、女性の言葉はその例外だ」という見方を生んできました。

先ほど口語法についての見解を引用した国語学者の松下大三郎は、昭和五(一九三〇)年の『改撰標準日本文法』(一九二四年の旧版を改訂)で、終助詞の「わ」について、「「は(わ)」は一般の語は他人に対してその当然なることを指示するのであるが婦人語では「は(わ)」を重く発音してその事を他人の感情に訴へる意になる。」と述べています。ここで「一般の語」とみなされているのは男性の言語であり、このような記述は「男の言語＝一般、女の言語＝例外」という認識を作り出すと考えられます。

同様に、木枝増一の『高等口語法講義』（一九三一）には、「ぜ」「ぞ」にも男性の言葉だという説明はありません。一方、女性と結びついた言葉については、「今日女子用の言葉として用いられる「……わ」」、「主として婦人用の語である」「のよ」と注意書きがあります。つまり、女性の言葉には、「女子用」「婦人用」の説明があるのに、男性の言葉は「標準」としてそのまま列挙してあるだけで、「男子用」「紳士用」の説明はないのです。

中国語にも精通していた国語学者の松浦珪三が書いた『文語口語対照　現代日本語文法』（一九三六）でも、「男子用」という説明なしに、「僕」「君、貴様」「なぐるぞ」「さ行かうぜ」を挙げている一方で、「わたし一人で行《ゆ》くわ。」には「但し主として婦人の専用として常用されている。」と女性の言葉だけに注を添えています。

中でも、口語文法やローマ字研究で知られる三《み》尾砂《おいさご》の『話言葉の文法　言葉遣篇』（一九四二）は、その最後に、「二三一　女言葉」という章をわざわざ設定している点が注目されます。三尾は、その理由を次のように述べています。

これまで述べてきたなかにも、女言葉についてすこしは触れてきましたが、男のつかう言葉を標準とした一般的な言葉について述べてきましたので、女言葉にはあてはまらない部分もいくらかありました。……一般の言葉としては（書言葉をもふくめて）、「だ体」と「です体」とは截然と区別されるものですが、女の話言葉では、そんなにはっきりとは区別ができません。

ここで、「一般的な言葉」「一般の言葉」と呼ばれているものは、男性の言葉です。三尾は、最終章でまとめて取り上げることで、「女言葉」を国語の例外として概念化しているのです。三尾が「女言葉」に一章を割いたことについて、一九九五年の復刻版に解題を寄せた国語学者の古田東朔《とうさく》は、「いわゆる口語文法の場合、どうしても規範的なものを示すことになり、女性の言葉に関するものは少なかった。」と賞賛しています。このような発言からは、現在でもなお、標準口語の規範は男性の言葉だとみなされていることがうかがえます（前掲書（復刻版）解題、一九九五年）。

もちろん昭和初期の口語文法書が排斥したのは女性の言葉だけではありません。「教育ある東京人の話すことば」に該当しない地域語や下層社会の言葉も標準口語からはずされました。

けれども、文法書における女性の言葉の扱いと方言や下層言語の扱いは大きく異なりました。方言や下層言語は国語から完全に排除されていたのですが、女性の言葉は例外としてでも取り上げられ始めたのです。

女学生ことばも国語

戦中期の文法書に見られる二つめの変化は、「女学生ことば」の国語への組み込みです。三章で見たように、明治期の文典では、「ぼく・きみ・～くん」などの書生言葉は国語として文典に取り入れられたのに、「てよ・だわ・のよ・こと」などの女学生ことばはまったく取り入れられませんでした。むしろ、女学生ことばの文末詞は、「下賤な起源」という理由をつけて強く批判されていたのです。ところが、昭和初期の文法書では、これら女学生ことばの文末詞が批判されるどころか、「正統な女の標準語」として列挙されているのです。

方言学者の永田吉太郎は東京の地域語についての論文「旧市域の音韻語法」(斎藤秀一編『東京方言集』一九三五年)で、「テヨはともかく、ワの方はかなり一般的な婦人の用語となってしまっている。」と、「てよ」も「わ」も特に批判せずに「婦人の用語」としています。さらに、「コトは教養のある婦人に用いられる上品なことばである。」と「こと」を「上品なことば」に格上げしています。「てよ」についても、「きのうカッテヨ。（婦）」の例のあとに「男子ならばカッタ？ と言い放しにしてもいい。」と性別を述べているだけで「てよ」に対する批判はありません。

保科孝一も『国語と日本精神』（一九三六）で、「『行つて見たわよ』『私ちつとも知らなかつたのよ』『私も行くわ』のごとき言葉遣は女学生用のもので、男学生《だんがくせい》は使いませぬ。」と「わよ・のよ・わ」は「女学生の言葉だ」と言っているだけで、下賤などの批判は加えていません。

言語学者の佐久間鼎による『現代日本語法の研究』（一九四〇）でも、「来る？」「来るの？」「来て？」「来ること？」の例を挙げて、「これらはいずれも、「か」のついた発問が概して詰問的な態度として受取られる傾があるので、それをずっと緩和するという心もちから出たものと思われます。」と明治期の批判とは打って変わって好意的な説明を寄せています。

三尾砂も、前掲の『話言葉の文法　言葉遣篇』で、「女言葉の中止形」として、「お修身なんか云へなくつてよ。」「だから、早く仰言《おっしゃ》つてよ。」と「てよ」の例を挙げているだけで、まったく批判はしていません。

石黒修の『美しい日本語』になると、「こと」「のよ」「てよ」を含めて、批判せずに性別だけ述べています。

「違っている」ということを、
　違っています。
というのは男女共通のいい方であるが、
　違って(い)ますわ(ね)、違って(い)るわ(ね)
　違って(い)ますの(ね)、違って(い)るの(ね)
　違って(い)ますこと、違って(い)ること、
　違って(い)ますの(よ)、違って(い)るの(よ)
などは、……大体は女性のことば遣である。

つまり戦中期には、言葉の性別について語る言説が増えていったのと並行して、文法書でも、女性と結びついた女学生ことばの文末詞を積極的に国語に取り込んでいったのです。

女性用という但し書き

ただし、ここで注意しておかなければならないのは、女学生ことばは国語の中心的要素とし

て記述されているのではなく、あくまで女性用として取り込まれているという点です。右に挙げた文法書でも、ほとんどが、「婦人の用語」「女学生用のもので、男学生《だんがくせい》は使いませぬ」「女言葉の中止形」「大体は女性のことば遣である」という但し書きをつけています。

さらに、同じ女子学生のことばでも「君・僕」の使用などは批判されています。保科孝一は、『大東亜共栄圏と国語政策』(一九四二)で、「近来学生の用いる人代名詞「君」や「僕」を、女学生の間でも用いるものがあるようですが、これは一種の変態でありまして、わが国においては、男子と女子との間に、その用法が厳重に区別されているのが常例であります」と言葉の性別を強調しています。

菊澤季生も『国語と国民性』(一九四〇)で、「男女の言語の位相の相違に気づいたならば、女性をして男性的な「キミ・ボク」を使はせる様な事はない様にしたい」と言葉の性別を主張しています。

つまり文法書は、女学生ことばを女性用の言葉として国語文法に取り入れて言葉の性別を強化する一方で、女子学生の使う言葉の中でも、性別を越境する言葉は批判しているのです。

これは、女学生ことばがなぜ国語の中に取り込まれたのか、その理由を考えるときのヒントになります。文法書が女学生ことばに言及し始めたのは、女学生ことばが正統な国語になったからではなく、むしろ、国語に性別があることを強調するためだったと考えられるのです。

この時期の文法書には「国語の性別」を規範化する強い傾向が見られました。だから、国語を性別化するために、方言や下層の女性のことばではなく「教育ある東京人のことば」という国語の基準に合致している女学生ことばを採用したのです。文法書が女学生ことばを取り上げたのは、女学生ことばを加えることで「国語には性別がある」という考え方を強調できたからではないでしょうか。この時期、女学生ことばは国語の性別を強調するために国語に取り入れられたのです。

女ことばは標準語だけ

この指摘は、「女ことばはなぜ標準語だけに見られるのか」という問いにもひとつの答えを示してくれます。

私たちは、戦中期の文法書が「教育ある東京人のことば」という標準語の定義にかなった女学生ことばだけを国語に取り入れたことを見ました。同じ女性の言葉でも、地域語や下層社会の言葉は取り入れられませんでした。はじめから標準語の定義にかなった女性の言葉だけが取り入れられたのです。だから、女ことばという概念は標準語だけに存在するのです。

ここでも、国語という理念が作られたときと同じように、文法書や教科書を書いていた国語学者の選択が働いています。この意味で、標準語の一部となった女ことばも、上から制定されたものであって、実際に使われていた言葉ではありません。

戦中期の文法書が標準語の定義にかなった女性の言葉だけを国語に取り入れたという事実を考えると、現在でもしばしば見る「女ことばは山の手の中流女性の言葉づかいに基づいている」という主張には疑問がわきます。それは、この主張が「山の手の中流女性の言葉が自然に女ことばになった」という、序章で問題を指摘した考え方だからという理由だけではありません。女ことばの成立に文法書や教科書などの選択が関与しているという、歴史的なプロセスへの視点が欠けているからです。

文法書や教科書は、戦中期に限らず、ずっと標準語を教えてきました。つまり、戦中期以降現在まで、これらの学問の言説が標準語に取り入れてきた女性の言葉は、標準語の定義にかなった言葉だけである可能性が高いのです。だとすると、女ことばのいくつかの言語要素が「山の手ことば」と一致するのは、実際に山の手の女性が使っていた言葉が女ことばになったからではなく、文法書や教科書が、「教育ある東京人のことば」という標準語の定義にかなった山の手の中流女性の言葉だけを採用したからだと言えます。

これは、学問の言説が行う選択が、女ことばのような言語カテゴリーの形成に、予想外に大きな影響を与えていることを示しています。私たちは、二章と四章では、女訓書という「規範の言説」や小説などの「メディアの言説」が、女性が使っている言葉づかいの中から、女房詞や女子学生の言葉づかいを選択して女ことばとしてまとめ上げるプロセスを見てきました。それに加えて本章では、文法書や教科書といった「学問の言説」が標準語の定義にかなった女性の言葉を選択したことを確認しました。学問の言説は、人称詞や文末詞などの具体的な言語要素を「これが女ことばです」と提示することで標準語を性別化したのです。

その結果、現在女ことばを日常的に話さない日本のほとんどの女性たち、つまり、「山の手の中流女性」以外の、地域語を話す人や労働者階級の人は、自分が話さない言葉づかいこそが「本当の女ことばだ」と感じさせられています。進学や就職で都会に出るときには、テレビでしか聞いたことのない「女ことば」を話さなければいけないと思っている人もいるでしょう。女ことばの大きな問題のひとつは、女性の中にこのような格差を作り出していることなのです。

『アサヒ読本』の性別

戦中期の国語読本にも国語の性別を強調する傾向が見られるのでしょうか。明治時代からの国語読本については、すでに三章で、明治三七（一九〇四）年の第一期国定教科書から昭和八（一九三三）年の第四期国定教科書では、書生言葉は取り入れられていたのに、女性と結びついた言葉や女学生ことばは取り入れられなかったことを見てきました。

戦中期に当たる昭和一六（一九四一）年から昭和二〇（一九四五）年まで使用されたのは、第五期国定教科書の『アサヒ読本』です。『アサヒ読本』を詳しく見ると、さまざまな観点から国語の性別が強調されていることが分かります。それを最もよく表しているのが、『初等科国語二』（二年生用、昭和一六＝一九四一年）に含まれている「梅」という教材です。

「あ、梅だ。梅が咲いている。」と、
勇さんがいひました。
「まあ、うれしい。
春が来たのね。」と、
花子さんがいひました。

「まだ、寒いのに、
感心な花だこと。」と、
ゆり子さんがいひました。

「花もきれいだけれど、
にほひがいいのね。」と、
春枝さんがいひました。

「梅は、花よりも
にほひが咲くのです。」と、
正男さんがいひました。

この教材では、三人の女子「花子」「ゆり子」「春枝」と二人の男子「勇」「正男」が、まったく同じパターンで「梅」という同じ対象について語っています。同じパターンの表現が繰り返される中で際立っているのが、女子と男子の言葉づかいの違いです。女子が文末詞の「のね・こと」と感嘆詞の「まあ」を使い、男子は「だ・です」を使うという性差が鮮明に対比されています。つまり、この教材の意図のひとつは、男女は違う言葉を使いなさいと教えることにあるのです。

これ以外でも『アサヒ読本』では、全学年用を通して国語の性別が教えられています。少しだけ例を見てみましょう。人称詞では、男子だけが用いる「ぼく」と男女ともが用いる「わたし」という一人称詞の性別が教授されています。

文末詞についてはどうでしょう。「〜だ」は男子に限って使われ、女子は「〜ましょう」を使います。たとえば、『ヨミカタ二』の「十六　兵タイゴッコ」では、男子が次々と「ボクハ　ホ兵　ダヨ。」「ボクハ　キ兵　ダヨ。」「ボクハ　ハウ兵　ダヨ。」「ボクハ　工兵　ダヨ。」「ボクハ　センシャ兵　ダヨ。」「ボクハ　カウクウ兵　ダヨ。」「ボクハ　シチョウ兵　ダヨ。」と言ったあとで、女子は、「私タチハ　カンゴフニ　ナリマセウ。」と言っています。

「でしょうね」と「だろう」の使い分けも見られます。『ヨミカタ二』の「十四　冬」では妹が「キンギョヤ　コイハ、ドウシテ　イル　デセウネ。」と言うと男子が「ドコカニ　カクレテ　イルノダラウ。」と答えています。以上の例のうち「ましょう」「でしょう」は男子も使っていますが、「だよ」「だろう」は、女子は使いません。また、「でしょうね」の「ね」は女子

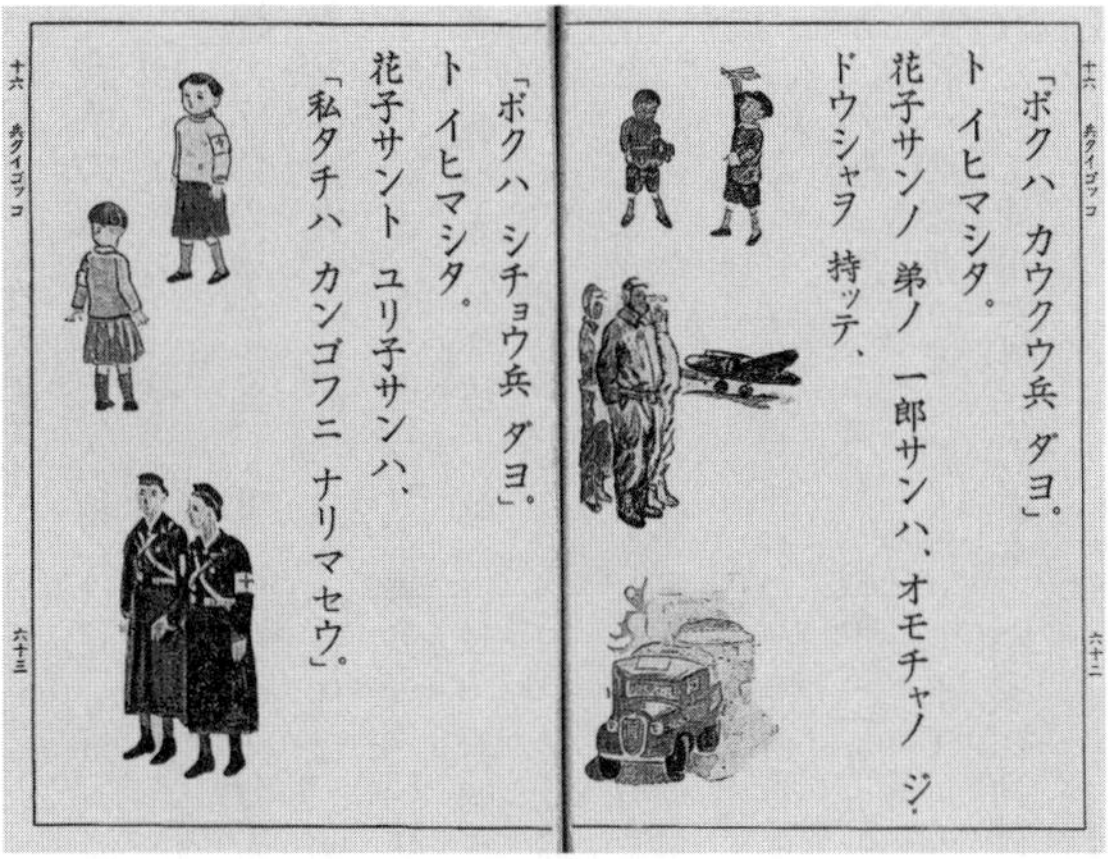

『ヨミカタ二』「十六　兵タイゴッコ」

だけに使われています。

専用という点で見ると、男子専用の「だ」は、女子専用の「こと」とも対比されています。『初等科国語二』の「八　南洋」では、勇さんが「あっ、らくかさん部隊だ。」と言うと、花子さんが「まあ、きれいだこと。」と答えています。

このように戦中期には、「国語には性別がある」という識者の言説が発生しただけでなく、文法書や国語読本でも「国語の性別」が教えられていました。その中で、「女性の言葉」が国語の中に初めて位置づけられたのです。このような言説が生まれた背景には、どのような社会変化があったのでしょうか。

歓迎された女の国民化

戦争の激化に伴い昭和一三(一九三八)年に国家総動員法が発布され、女性も戦争に貢献すること、つまり、「女の国民化」が求められました。政府は、女性指導者の政府委員への重用や婦人団体の統合を通して、国民の半分である女性も皇国臣民として教化していったのです。

女性指導者の政府委員への就任は、昭和一二(一九三七)年に吉岡弥生(東京女医学校・現東京女子医科大学創立者)を教育審議会委員に任命したのをかわきりに、大妻コタカ(大妻女子大学創立者)、井上秀(日本女子大学校校長)、村岡花子(作家)などが次々に公職に任命されました。また、昭和一五(一九四〇)年に結成された大政翼賛会の全国的な会議である臨時中央協力会議にも高《こう》良《ら》とみ(日本女子大学教授)などの女性教育者や大日本婦人会の関係者が参加するようになりました。

このような政府の方針が、女性指導者と一般の女性たち双方に歓迎されたことは、鈴木裕子が『新版 フェミニズムと戦争』(一九九七)で詳しく指摘しています。それまで選挙権はおろか政治への参加がまったく認められていなかった女性たちに、突然政治に発言する機会が与えられたのです。女性指導者も、国家総動員を女の国政参加と社会参加をうながす契機として歓迎しました。

戦前・戦中の婦人参政権運動や女性解放運動を主導し続けた市川房枝も、「いわゆる国策婦人委員として、政府の行政及び外部団体への婦人の参加を、婦人の政治参加――婦人解放への途――として推進」したと述懐しています(『市川房枝自伝　戦前編』一九七四年)。

一方、その他の女性たちの総動員を支えたのは、愛国婦人会と大日本国防婦人会という二つの官製団体でした。愛国婦人会は、皇族妃を総裁にした中流女性の会(明治三四＝一九〇一年設立)で、大日本国防婦人会は、家庭婦人を対象に、軍部の肝いりで昭和七(一九三二)年に設立されました。

大日本国防婦人会の活動を通して、それまで家庭内に閉じ込められていた多くの女性が、出征兵士の見送り、慰問袋の作成、街頭での千人針の呼びかけ、遺骨の出迎え、傷痍軍人の慰問などの社会活動に生き生きと参加しました。女性史研究の加納実紀代が指摘するように、女性たちは「兵隊さんのため」という大義名分を得て、家庭から出て社会活動に参加することではじめて「解放」を実感し、女工や娼婦も含めたさまざまな女性たちと同じ「かっぽう着」で一緒に活動することではじめて「平等」を味わったのです(『女たちの〈銃後〉　増補新版』一九九五年)。

愛国婦人会と大日本国防婦人会は、幾多の対立を経て昭和一七(一九四二)年、「皇国の御為に御奉公する」ことを目的とした大日本婦人会として統合、再編成され、二〇歳以上のすべての日本婦人が強制加入させられることになりました。この時期以降、女性指導者も一般の女性たちも自主的に、ときには軍部が当惑するほどの戦争協力の道に突き進んでいきました。

銃後の守り

けれども、総動員体制においても、女性には男性と異なる「銃後の守り」が期待されました。日本政府が男女に異なる役割を求めていたことは、女子の徴兵をまったく考えなかったという事実にも表れています。東条英機首相は、昭和一八(一九四三)年に「現在は女子を徴用する考えは全然ない。米英が女子を徴用しているからとてこれを真似ることは大切な家族制度はどうなりますか」と述べています(若桑みどり『戦争がつくる女性像』一九九五年)。

参謀本部の編成動員課から発見された内部資料『動員概史』には、戦争末期においても「女子徴兵あるいは志願兵を採用するはわが国家制度の根本的破壊なり」として軍上層部において女子徴兵に猛烈な反対意見があったという記述があります(大江志乃夫編『十五年戦争極秘資料集9』一九八八年)。これらの資料は、戦時体制下の政府が、家庭が破壊されることは国家の破壊にほかならないと考えていたことを示しています。

なぜ政府は、女子を徴兵して家族制度が崩壊することをこれほど恐れたのでしょうか。ひとつの理由は、人口増産の必要性です。昭和一六(一九四一)年に閣議決定された「人口政策要綱」には、昭和三五(一九六〇)年までに総人口を一億人にすることを目標とし、そのためには、二〇歳を超える女子の就業を抑制し婚姻を奨励することが明記されています(近藤和子「女と戦争」、奥田暁子編『女と男の時空　日本女性史再考V』一九九五年)。総動員体制下においても女性には兵士になるよりも、兵士を再生産する母の役割が求められたのです。

けれども、軍部が女子の徴兵に反対した最も大きな理由は、家父長的な家族制度が、全国民を支配し戦争に協力させるのに有効なシステムだったからです。大日本帝国憲法の家族制度は、戸主の権力に集約される家父長制を国家の構成単位とし、私的で自然な家族を国家にまで拡大させる家族国家観を形成してきました。家族国家観は、日本という国家を「天皇を中心に、国民はあたかも赤子のやうに、むつび親しんで来た」(石黒修『美しい日本語』)大きな家族として認識させる効果を持っていました。軍部は、全国民を戦争に動員する有効なシステムであった家父長制を温存する必要があったのです。

家族国家観

さらに、家族と国家の連続性の強調は、兵士の戦意を強く動機づけると考えられていました。明治三六(一九〇三)年に『家庭之友』(『婦人之友』の前身)を創刊し、都市中間層の主婦から絶大な支持を得ていた羽仁もと子は、昭和一八(一九四三)年二月号の記事で、他国では兵士が家族を恋しく思う感情が強くなると戦う意欲を喪失してしまうが、天皇を父と仰ぎ国を家族とみなす日本人は家族を思う心と国を思う心が重なるために戦意を失わない、と述べています。

私はこの話を伝え聞いて、改めて今更のように、家族的国家の家庭というものの持つ力の偉大さを思わずにいられませんでした。……陛下の赤子《せきし》として生を享《う》け、歴代の御仁慈《ごじんじ》に育くまれて来た……日本人《われわれ》の親を思い子を愛する感情は、自然に国を思い国を愛する感情と結びついてゆきます。わが家を思う心が深くなれば、当然国を思って已み難いものになります。

「日本の家族的家庭的使命は今や最高調に達したり」

女子を徴兵して家族制度を破壊することは、兵力の再生産だけでなく、家父長制を通した国民総動員と兵士の戦意喪失という点で否定されたのです。

その結果、戦時下の女性国民にとって最も重要な役割は、戦地に夫を送り出し、喜んで子どもを兵士として天皇に差し出す「軍国の母」、となったのでした。戦時中の女性雑誌を分析した美術史研究の若桑みどりは、子どもを抱いて靖国神社に参拝し、夫の遺影に祈る母の絵が繰り返し雑誌に載っていたことを明らかにしています(『戦争がつくる女性像』)。

若桑は、戦時に女性に割り当てられた役割は「伝統的な家父長制度のもとでの女性役割を強制的におこなわせたものであるにすぎない」と述べて、戦争と家父長制が共生関係にあることを指摘しています。

私たちは、戦争は男性を徴兵することで従来の家父長制を破壊したのではないかと考えがちです。けれども、女性に家庭外の労働を強要して実質的には家族制度を破壊しなければならなかった戦時においてこそ、伝統的な家父長制という幻想を死守し、女性には男性と異なる役割をあてがわなければならなかったのです。

このように総動員体制下では、女性国民を男性国民から明確に性別化したまま国民化することが求められました。「女の国民化」とは、女性を男性と対等な兵力として「国民」に組み込むことではなく、むしろ、家父長制を維持するために、「軍国の母」、つまり、第二の国民にすることだったのです。

総動員体制と国語の性別

このような社会背景を考えると、なぜ戦中期に国語の性別について述べる言説が普及したのか、その理由が明らかになってきます。女性を皇国臣民として戦争に動員するためには、女性の言葉も「(男の)国語」に取り込まねばなりません。そこで戦中期には、国語の性別に言及する言説、つまり、「日本語(という国語)は男女で異なる言葉づかいを持っているのだ」という言説が発生したのです。

それはちょうど、戦中期に婦人団体の活動の中で女性たちがはじめて社会活動に参加し、女性指導者が政府委員に重用された事実と重なります。女性たちがはじめて政治や社会活動に参加したときに、そうした女性の言葉もはじめて国語の一部として認められたのです。

けれども、女性の言葉を男性の言葉と対等に国語に取り込むわけにはいきません。女性の言葉は、第二の国民の国語であることを明確にしておかなければならないからです。家父長制を維持したまま女性を皇国臣民にするには、女性の言葉は国語の中心ではなく周縁に位置づけておく必要がありました。

そのために、文法書や国語読本で強調されたのが、「女子用」「婦人の用語」「女言葉」「女性のことば遣」であるという但し書きです。女性の言葉に言及するときには、国語の中の例外として扱うことで、女性の言葉を国語の中心ではなく周縁に位置づけたのです。

つまり、この時期の「国語には性別がある」という言説は、たんに女性の言葉と男性の言葉を区別したのではなく、男性の言葉が正統な国語であり、女性の言葉は国語の例外だという「非対称な」性別のある国語を作り出したのです。

「国語には性別がある」と説く言説は、女性の言葉を例外として国語に取り入れるという企てを達成しました。そして、それらの言説が意味を持ったのは、戦中期には、家父長制(の幻想)を維持するために、女性を第二の国民として国民化する必要があったからなのです。

このように見てきますと、国語のあり方というものは、国民のあり方、ひいては、国家のあり方と密接な関係にあることに気づきます。「性別のある国語」という見方が生まれた背景には、男性を国民の標準とし、女性を例外的な国民にすることによって、戦争遂行のために死守されねばならなかった家父長制を下支えするという要請があったのです。

このような政治的要請が、ことばのあり方にも影響を与えていたことは、これまであまり指摘されることがありませんでした。けれども、国家、国民、国語の密接な関係を考えれば、これも当然だと言えます。家父長制家族を国家にまで拡大することで国民総動員を促進した戦中期においては、国民と国家を象徴する国語が性別化されていることは不可欠だったのです。

ここまで読んできた読者は、本章が明らかにした「性別のある国語」と、前章で見た「天皇制国家の伝統としての女ことば」はコインの両面であると気づかれたでしょう。女ことばを天皇制国家の伝統として賞賛することは、女ことばの価値を認めることです。一方で、「性別のある国語」という考え方も女性の言葉を国語の一部として認めることです。

ここに、天皇制と家父長制が重なり合いました。天皇制国家の伝統としての「女ことば」と家父長制家族を象徴する「性別のある国語」が、「日本語には女ことばがある」という信念のもとに家族国家観を再生産する重要な装置になったのです。

けれども、「性別のある国語」という概念は、そもそも「国語」が多様な言語の違いを排除することで成立したことを考えると非常に不可解です。なぜ学問的言説は、地域語や下層社会の言語を国語から排除する一方で、女性の言葉だけを積極的に取り込んだのでしょうか。

特定の任務

この問いを考えるときに、若桑みどりが論じている、人種差別と女性差別の根本的相違がた

いへん参考になります。(『戦争がつくる女性像』ちくま学芸文庫)

レイシズム(人種偏見)とセクシズム(性差別主義)とは、他者排除による国民意識の統合という同じイデオロギーをもっている。しかしながら、人種差別と女性差別とは同じ方法をもって行うことはできない。ナチス・ドイツの例にあきらかなように、かれらは、ユダヤ人を絶滅しようとしたようには、女性を絶滅することはできなかった。もしそうすれば自分の属する人種自体が滅亡するであろう。肝要なことは、絶滅せずに自分たちの下に、ある場所に囲い込み、特定の任務につかせることである。

次代の労働力と兵力を再生産することができるのは女性だけです。そのために、女の国民化において重要なことは、「絶滅せずに自分たちの下に、ある場所に囲い込み、特定の任務につかせること」――これが、学問的言説が女性の言葉を排除するどころか、積極的に記述し始めた理由です。女性の言葉は、絶滅せずに「国語」の周縁に囲い込まれ、天皇制国家の伝統・家父長制の継承という特定の任務を与えられたのです。

これは、総動員体制という政治過程において、言語イデオロギーが大きな役割を果したこと、そして、その政治的要請を達成したのが国語学者の学問的言説だったことを示しています。「日本語には女ことばがある」という理念は、天皇制国家の戦争と侵略を推進し正当化するために作り出されたのでした。

現在多くの人たちが精緻で美しい日本語の伝統とみなしている女ことばは、戦中期の植民地主義や総動員体制と密接に関係して成立した——驚くべき事実ではないでしょうか。

けれども、ここで明らかになった女ことばと天皇制との強い結びつきは、現代の私たちが「日本語の伝統」としてとらえている女ことばの社会的な意味と比べて、ずっと極端なような気がします。今の私たちが「日本語の伝統」として女ことばを語るときには、必ずしも天皇制と結びつけてとらえてはいません。むしろ、「女性が長い間自然に女らしさを言葉で表現した結果が女ことばの伝統だ」ととらえているのではないでしょうか。その変化は、どのように生じたのでしょうか。次章で見ていきましょう。

第4部

「自然な女らしさ」と男女平等

価値としての女ことば 2

前章の最後で、現代の私たちが、女ことばを天皇制国家の伝統と結びつけるよりも、むしろ、女性が長い間自然に女らしさを言葉で表現した結果が女ことばだととらえているのはなぜか、という疑問を呈しました。七章では、なぜ女ことばが「自然な女らしさの表現」となったのか、その経緯を見ていきます。

七章　「女らしさ」と女ことば

身分や教養の差――社会的条件――にもとづく女ことばの特徴はしだいに薄れ〔る〕……しかし、女性としての心理的生理的条件――自然的条件――にもとづく特徴……とくに、発音・発声、終助詞・感動詞などの特色は、最後まで残るでしょう。

永野賢「男女同権でない日本語」、金田一春彦編『講座日本語Ⅲ』一九五五年

敗戦一〇年後の一九五五年、国語学者の永野賢は、女ことばの特徴を、社会的条件に基づく特徴と自然的条件に基づく特徴に区別して、前者はなくなるかもしれないが後者は残る、つまり、「女ことばはなくならない」と言っています。しかし、これは不思議な主張です。なぜならば、これは、「男女同権でない日本語」と題した論文の中での主張なのです。日本語に「女ことばがある」ことが「男女同権でない」と題した論文ならば、「女ことばをなくそう」と主

張するべきです。

なぜ永野は、「日本語は男女同権でない」という論文の中で「女ことばはなくならない」と主張しなければならなかったのでしょうか。また、なぜ社会的条件に基づく特徴と自然的条件に基づく特徴を区別したのでしょうか。一体どのような戦後の政治過程が、このような矛盾と謎に富む言説を発生させたのでしょうか。

占領政策と男女平等

昭和二〇(一九四五)年八月一五日、日本はポツダム宣言を受諾し、連合軍に無条件降伏しました。八月三〇日には連合国軍最高司令官のダグラス・マッカーサーが来日し、昭和二七(一九五二)年四月までの七年間の米国による日本占領が始まりました。米軍による占領は、日本女性の立場を劇的に変化させました。

昭和二〇(一九四五)年一〇月一一日にマッカーサーが幣原喜重郎首相に出した五大改革指令の一番目には、参政権の賦与による日本婦人の解放が挙げられました。翌年には、女性が投票する最初の選挙が行われ女性議員が誕生、婦人運動も台頭します。

昭和二一(一九四六)年一一月三日には基本的人権を謳った日本国憲法が公布され、「男女平等」(第一四条)と「婚姻における夫婦の平等」(第二四条)が明記されました。政治学者のスーザン・ファーは、一九八七年の論稿「女性の権利をめぐる政治」の中で、この二条に掲げられている男女の平等は「現在米国の連邦議会や州議会、そして多くのアメリカ人が、……当の米国に積極的に取り入れようとしているものよりも、はるかに進んだものだった」と言っています(坂本義和ほか編『日本占領の研究』一九八七年)。

翌年の民法改正では、家制度(家父長制)が解体され、婚姻相続の男女平等が保障されます。これらの法的な男女平等は、戦中期に天皇制国家の伝統の象徴に祭り上げられていた女ことばにどのような影響を与えたのでしょうか。

「女ことば」批判

戦後の日本に流入した「民主主義・人権・男女平等」といった概念は、言葉の違いを、その言葉を使う集団の性別や階級、地域に対する差別と結びつけて批判する議論を生み出しました。女ことばも、日本女性の社会的地位の低さを象徴していると批判されるようになるのです。

初期には、男女の言葉づかいの違いが男女の社会的地位や権利の違いを作り出しているという批判が見られます。

ジャーナリストの鈴木文史《ぶんし》朗《ろう》は『文史朗随筆』（一九四八）で、「個人の人格の平等、男女同権といつたところで、男言葉と女言葉がこんなにハッキリ存在しているのでは、言葉の力で女が自らそれを毎日破つていると同じであります」と述べて、「作家や日本文学の学者の中には、日本語の美しさの一つは女言葉の中にあるという意見が多いようであります」が、「これは結局女は装飾的な存在であり、男に奉仕すべきものという昔ながらの考え方から一歩も出ていない証拠であります」と糾弾しています。

作家のタカクラ・テルは『ニッポンの女』（一九五二）で、「男と女と、あらゆる点で、地位がひじょー《（ママ）》にちがう。これがこれまでのニッポンの社会の大きな特色だった。ことばがちがうということわ《（ママ）》、その一つのあらわれにほかならなかった。そして、男と女とそんなにも地位がちがうということわ《（ママ）》、いうまでもなく、封建時代の特色だ」と批判しています。

評論家の古谷綱武は一九五三年三月四日の『毎日新聞』に掲載された「おんな言葉」という文章で、女たちが女ことばを使わなくなったのは「自立心をもった人間として成長しつつあることだ」として、「今までの「やさしい女言葉」なるものは、男にすべての力をうばわれてしまったなかで生きていかなければならなかった婦人たちが気よわく、自信なく、せつないほどけんめいにシナとコビをこめて、オドオドと男の顔いろをうかがってきた言葉である。……あれは奴隷の言葉である」と痛烈に批判しています。

もうひとつ、別の側面からの批判として見られたのは、女ことばは女が主張することを妨げているというものです。日本語教育者の釘本久春は『現代の日本語』(一九五二)で、「女性の言葉も、社会全体の言葉に成長しているわけで……人の前に出ると言葉を失くしてしまうような、日本婦人特有の、時代錯誤的な美徳は、早く消えてしまうほうがよい」と述べています。

言語学者の大久保忠利は『街の言語学』(一九五六)の「女コトバのわずらわしさ」と題した章で、女には「男よりも敬語を使うべきだ」という規範があるため、女が自由に発言できないと言っています。「『慣れればなんでもない』とか「敬語は美しい」とか言う人は、特に日本の女をしばっているこのわずらわしい心のフタンを無視している人です。……もっと入り混んだ理論的な話し合いになれば、もっと大へんな心づかいが求められ、とても女には「話し合いができなくなる」……ラクに話させない、女をガンジガラメにする女コトバのわずらわしさよ!」

いかがでしょう。戦後、このように女ことばを激しく非難する言説があったことは、あまり知られていないのではないでしょうか。なぜこうした言説が意識されていないのか。それは、これらの批判を上手にかわして女ことばを擁護する言説が現れたからです。

「女ことば」擁護

これらの批判に対して女ことばを擁護したのが、昭和二三（一九四八）年に出版された、国語学者真下《ましも》三郎の『婦人語の研究』です。この著書の特筆すべき点は、女性の言葉の特徴を「先天的な女らしさ」と結びつけている点です。

たとえば、「二　婦人語の単語」では、女性が使う単語の五つの特徴を挙げて、なぜ女性の言葉にはそのような特徴があるのかを論じています。

最初の特徴は、語彙が少ないことで、その理由は、女性には「先天的に穏健中正な言葉を守るという保守的な性格がある」からだそうです。

二番目の特徴は、漢語を避けることで、それは「婦人が知性とか意志とかで物を言っているのではなく、感情と情緒とで物を言っている」からです。さらに、「かような（漢語は避けろという）教育がその後引き続き行われた……結果が積もり積もって抜くべからざる先天的性格を形成した」とも言っています。

三番目の特徴は、接頭辞の「お」「ご」「おみ」を付けることで、それは「接辞を付けないと婦人らしさが表われない、鄭重さが示されないとする意識そのものが次第に強くなって来た」ためだそうです。

四番目の特徴は、野卑な語や尾籠《びろう》な語を避けることで、これは女性には「はしたなさを表わすまいとする意識が強く働くため」に避けられるのだそうです。

五番目の特徴は、女房詞のように男子と違う単語を作ることで、これは「「はしたなさ」を厭う心、逆にいえば「女らしさ」を示す心から出たもの」だそうです。

ここに挙げられている理由には、女性の使う言葉は、女性の「先天的」性格や「女らしさ」に基づいているという主張が色濃く出ています。女性の語彙が少ないのは、「先天的に保守的」だから。漢語を避けるのは「感情と情緒とで物を言っている」から。「お」「ご」を付けるのは「接辞を附けないと婦人らしさが表われない」から。野卑、尾籠な語を避けるのは、「はしたなさを表わすまいとする意識」、すなわち、「「女らしさ」を示す心」から。つまり真下は、女ことばを先天的女らしさに基づいたものとしてとらえ直したのです。

「先天的女らしさ」という表現は、現代の「女らしさ」の概念をご存じの読者から見ると奇異に受け取られるかもしれません。現代では、女らしさや男らしさは先天的なものではなく、地域や文化によってさまざまに異なることから明らかなように、社会が規定するものだということが分かっています。しかし真下は、「女らしさ」を、女性が生まれつき共通して持っている先天的特質、本性だと述べています。

けれども、「先天的女らしさに基づいた女ことば」という概念は、それを教育するべきだと主張している後半部分と大きな矛盾を生じてしまいます。真下は後半部分で、学校は「男性語と女性語という差異」を「むしろ子供たちに意識させて使用を奨励す」べきだと主張しています。しかし、女ことばが、真下が主張するように、先天的なものならば、放っておいても女性は女ことばを話すでしょうから、学校で教える必要などないでしょう。

つまり『婦人語の研究』では、女の言葉づかいは先天的女らしさに基づいているとする前半部分と、これとはまったく矛盾する、学校において女らしい言葉づかいを教育すべきだと主張する後半部分が奇妙に並存しているのです。

社会的な・自然な女ことば

この矛盾のつじつまを何とか合わせるために導入されているのが、社会的平等と生物学的性別の区別です。

婦人が男子の様な言葉をわざと用いることを以て、男女同権・民主化傾向であると速断してはならない。もとより男女は人としての尊さに於てはひとしく平等であろうが、それぞれ男女という本性を異にし、その本性に則した分ちを有している。……例えば愛情とか優しさとか慎ましさとか又は遠慮深さとかいうものは、婦人に多く備わるべき徳性であり、それらが所謂《いわゆる》女らしさを構成する。従ってそこからおのずとにじみ出てくる謙虚鄭重な言葉即ち敬譲的発想の言葉は、婦人語たるの特質を示しているのである。

『婦人語の研究』

ここで真下は、男女は社会的には平等であるが生物学的には異なると強調しています。この生物学的異なりが本性としての女らしさです。そして、本性としての女らしさから生まれたのが女ことばだと言っているのです。

占領軍が女性の解放を進めているときに、男女平等自体に異を唱えることは受け入れられません。そこで真下は、社会的平等と生物学的本性を区別して、女ことばを女性の本性、つまり、女らしさの表現とすることで守ろうとしたのです。

真下が展開した、社会的な男女平等と生物学的な性別の区別は、その後の女ことばを擁護する言説に連綿と受け継がれていきました。多くの「女ことば擁護派」が、まず「女ことばは男女平等の弊害になる」と認めた上で、女ことばを社会的条件に基づいたものと、女性の心理・

生理に基づく自然なものに区別し、「前者はなくなる（あるいは、なくすべきである）が、後者は残る」と主張したのです。

昭和二六（一九五一）年の『婦人公論』三月号に掲載されている「女性は美しく」という文章は、男言葉・女言葉の「区別はなるべくなくしたい」が、「男女が同じ言葉を使ったとしても、男と女とでは声の質がちがいますから、やっぱり男は男らしく、女は女らしくひびくものです」と、「声の質」のような自然な違いは消し去ることはできないと述べて、これを「新しい美しさ」と呼んでいます。

戦後の国語改革にも携わった釘本久春は『現代の日本語』で、「女性だけが、丁寧な、男性とは別な特別な、雅語的表現を使っていなければならぬ道理はない」と述べた直後に、「けれども、……言葉づかいの上の男女同権と機会均等を、ただ合理的に追求するあまり、男性といつも同じ言葉づかいをしていようとすることにも、無理が起る。女性としての社会的な、また個性的・内面的な要求が、かえってそのために効果的な表現を見出せなくなる事情もある」と述べています。

言語学者の矢崎源九郎も、『これからの日本語』（一九六〇）で、「女性語と男性語……の距離はだんだんちぢまっている。まあ、喜んでいい傾向だろう。男女平等の世の中である以上……あんまり離れすぎているのは関心しない」と言葉の性別を否定したあとで、「女性特有の終助詞ぐらいはこれからも大いに使い、それに、女性のもつ独特な、ものやわらかい話し方をも加味して、女らしさはあくまでも出してもらいたい」と述べています。

先に紹介した文献で女ことばを批判していた鈴木文史朗ですら、男女同権の弊害になるから「女言葉をやめよ」と主張した直後に、「女言葉をなくして中性化の言葉にするといっても、性の区別がある以上、男女の言葉遣いに、自然と差異の生じるのは当然であります」と論じているのです。

これらの言説に共通しているのは、「女ことばは残すべきだ」と直接主張することはせず、まず「女ことば」を社会的なものと自然なものに区別したあとで、「社会的なものはなくなっても自然なものは残る」という形の主張を行っている点です。

このように見てきますと、本章の冒頭で挙げた永野賢が、なぜ「男女同権でない日本語」と題した論文の中で、社会的条件に基づく女ことばの特徴と自然条件に基づく特徴を区別して、自然条件に基づく女ことばは残ると言ったのか、その背景が明らかになります。

それは、占領軍が女性の解放を進め、女ことばに対する批判も生まれていた状況では、たんに「女ことばを残せ」と主張することができなかったからでしょう。この社会変化に対応するためには、まず女ことばの弊害を認める(ふりをする)必要があったのです。「男女同権でない日本語」という論題は、そのための看板です。

その上で、社会的条件に基づく女ことばと自然条件に基づく女ことばという区別を作り出せば、男女同権思想に抵触しない形で女ことばを維持することができます。社会的な女ことばと自然な女ことばの区別は、女ことばを社会から切り離して、どのような社会変化が起こっても存続する「自然」に変換するために不可欠な区別だったのです。

その結果、女ことばは、自然な女らしさを反映した言葉づかいとして再定義されました。

男女平等から「女ことば」を守る

ここで重要なのは、これらの言説が、「女ことばは女性の自然な本性に基づく」という研究結果から生まれたのではなく、「女ことばは男女平等に反する」という社会認識に対抗するために生まれたという事実です。

占領軍主導で女性解放が進められ、日本の知識人の一部も女ことばの弊害を指摘し始めた、いわば、女ことばが最大の危機のときに、「自然な女らしさ」が持ち出されました。ここでは、占領軍が女性の解放を進めたことが、結果として、女ことばをより自然で否定できないものにするという逆説が起こっています。女ことばをめぐる言説は、男女の支配関係が問題にされたときに、「自然な女らしさに基づく女ことば」を作り出したのです。

これは、現在日本人の多くが理解している「女らしさ」と「女ことば」の関係を逆転するものです。序章でも指摘したように、女ことばとは、女性が女らしさを言葉づかいに表現してきたために成立したと考えられています。最初に女性には女らしさが備わっていて、その女らしさに基づいて選択した言葉づかいが、結果として女ことばになったという理解です。けれども、女らしさが女ことばと結びついたのが戦後の占領期で、しかも、それが占領軍の男女平等政策から女ことばを守るためだったとしたら、最初にあったのは、女ことばを守りたいという意志であり、そのために、あとから女らしさを自然なものとして再定義し、女ことばを自然な女らしさの発露だとしたことになります。

戦後起こった女ことばをめぐる論争は、女ことば擁護派の勝利に終わりました。その結果、女ことばは、戦後の急激な社会変化を乗り越えて維持されます。なぜ、女ことばを擁護する言説が普及したのでしょうか。次章では、女ことば批判に対する国語学者の対応を通して、占領下において女ことばに期待された役割を見ていきましょう。

八章　日本語には、なぜ女ことばがあるのか

前章では、戦後に起こった女ことばをめぐる論争を確認しました。本章では、同じ時期の国語学者の対応から、女ことばが維持されていく経緯を見ていきます。その過程で、戦時中に天皇制国家の伝統に祭り上げられていた女ことばが、天皇制から切り離されていったことも明らかにしていきます。

「国語の性別」を教え続けた教科書

たろう　ゆきだるまくん、こんにちは。
はな子　ゆきだるまさん、こんにちは。……
はな子　どこへ　いったんでしょう。

たろう　どこへ　いったんだろう。……
たろう　かわいそうだなあ。
はな子　かわいそうねえ。……
たろう　ゆきだるまくうん、目をわすれて
いるよう。
はな子　ゆきだるまさあん、おめめを　わすれて　いるわよう。

「子どものげき　一ゆきだるま」『太郎花子国語の本　ゆうやけ　小学校一年用　下』
一九五一年

昭和二六(一九五一)年度の『太郎花子国語の本』には、生徒がセリフを覚えて演じられるように、雪だるまの劇が掲載されています。すぐ分かるよ

はな子　みちが　わからなくて、こ"
まって　いるでしょうね。
たろう　かわいそうだなあ。
はな子　かわいそうねえ。
たろう　よんで、みようか。
はな子　ええ、大きな　こえでね。
たろう　ゆきだるまくうん、目を
わすれて　いるよう。
はな子　ゆきだるまさあん、おめめ"
を　わすれて　いるわよう。

『太郎花子国語の本』日本書籍

うに、男子の「たろう」と女子の「はな子」は、「くん／さん」「だろう／でしょう」「だなあ／ねえ」「目／おめめ」「よう／わよう」という異なる言葉を使って、まったく同じ内容を繰り返しています。

戦中期に形成された「性別のある国語」は、戦後もそのまま教えられていたのです。前章では、男女平等の観点から女ことばを批判する人がいたことを見てきました。けれども、国語教科書の中では、女ことばがしっかり教えられ続けていました。教科書を編纂していた人たちは、なぜ、国語の性別を教え続けたのでしょうか。

天皇制国家から切り離す

その答えを探るためにも、まずは、文法書を見てみましょう。戦後の文法書の一番大きな特徴は、戦中期に出版された数多くの文法書が戦後もそのまま出版され続けた点です。昭和一一(一九三六)年初版の山田孝雄の『日本文法学概論』、昭和一二(一九三七)年初版の木枝増一『高等国文法新講　品詞篇』、昭和一五(一九四〇)年初版の佐久間鼎の『現代日本語法の研究』などは、戦後もそのまま出版され学校で使われていました。

そして、それらの文法書には、六章で見たように、「性別のある国語」、すなわち、「日本語には女ことばがある」という理念がそのまま表現されていました。男女平等どころか、敗戦と占領という社会変化さえ文法の記述とは無縁だったのです。

けれども、国語学者の言説には興味深い変化も見られます。それは、女ことばを天皇制国家の伝統とする言説が消滅したことです。戦中期に最も明確に女ことばを天皇制国家の伝統だと主張していた長尾正憲は、私が探した限りでは戦後にはまったく口を閉ざしてしまいました。

この時期、文部省は、米国の占領軍が命じる前に、自主的に教科書から軍国主義・超国家主義・神道主義の教材を削除するよう命じています。言語政策に深くかかわっていた国語学者も、自主的に天皇への言及を自粛したと考えられます。占領軍の意向については、国語学者も敏感だったようです。この変化が女ことばを天皇制国家の伝統という意味づけから切り離したことは確かです。現在私たちが女ことばと天皇制を結びつけて考えない理由のひとつは、占領期に国語学者が天皇制への言及を自粛したからなのです。

一方で、戦中から変わらずに語られたのは、五章で紹介した菊澤季生による「女ことばの四つの特徴」と「敬語への言及」です。

戦中期に菊澤季生が女ことばの特徴として挙げた「丁寧な言葉遣をすること」「上品な言葉を用いること」「婉曲な言葉」「ぎこちない漢語を避ける」の四つは、戦後の学問的言説の中でも繰り返されています。

文部省の国語調査官も務めた吉田澄夫は、『近世語と近世文学』(一九五二)で、「それには第一に特別な雅語若しくは特別な婦人語を使用すること、第二には敬語を多く使用すること、第三には婉曲な云方をすること、第四には漢語の使用を避けること等があると思ひます。」と、菊澤の挙げた四つの特徴を踏襲しています。

矢崎源九郎も『これからの日本語』で、「女性語は女性特有の単語を使ったり、下品で乱暴なことばを避けて、上品で丁寧な言い方や遠まわしな物言いを好む。そうして、そこから、敬語をさかんに使うということになる。」と、菊澤の主張を繰り返しています。

矢崎の引用にもあるように、女ことばを敬語と結びつける言説は、戦後も引き続き現れています。七章で紹介した真下三郎の『婦人語の研究』では、「婦人と敬語的表現とは切っても切れない絆を持っている」と言っています。

国語学者の金田一京助も『国語の進路』(一九四八)で、「敬語法といふものは、女性語と切っても切れない関係があるもので、寧ろ女性語から、敬語法が発生したと云つてよいのである。」と、戦後も引き続き女ことばから敬語が生まれたという持論を繰り返しています。

敬語と女ことばの関係が戦後も語られたのは、これを主張し続けた金田一京助が、敬語を天皇制と結びつけずに、言葉のタブーから発生したものだと主張していたからでしょう。同じことが女ことばについても主張されました。金田一は、一九四九年の『国語学入門』で、昔は妻が夫の名前を直接呼ぶことを避けるなどのタブーがあったので、女性独特の言葉づかいが生まれ、そこから敬語が生まれたと説明しています。タブーであれば、これは天皇制や軍国主義ではなく、庶民の文化や民俗的なことがらだと主張することが可能だったでしょう。だから、天皇への言及が問題視されていた占領下でも、敬語に言及することは問題がなかったのです。

このように、戦後の女ことばを語る言説は、天皇制国家の伝統に言及することはやめ、女ことばの四つの特徴と敬語との関係だけについて語りました。その結果、戦後の女ことばは、戦中期に与えられた天皇制国家の伝統という意味づけからは切り離されましたが、敬語の使用と丁寧、上品、婉曲など国語の伝統としての特徴づけは残されたのです。

墨塗りされない部分

では、国語教科書にはどのような変化が見られたのでしょうか。昭和二〇(一九四五)年の敗戦時に使用されていたのは、昭和一六(一九四一)年に文部省から発行された第五期国定教科書『アサヒ読本』でした。『アサヒ読本』には、軍国主義・超国家主義的傾向が強く打ち出されており、そのまま占領下で使用し続けることは明らかに無理でした。

そこで、文部省は進駐軍に先駆けて教育改革を開始します。新しい教科書を編纂する時間がなかったため、九月二〇日と翌二一（一九四六）年一月二五日の二回にわたって、『アサヒ読本』の中で軍国主義や超国家主義、神道主義にかかわる教材を削除するように指示したのです。子どもたちは、昨日まで大切に学んでいた国語教科書を墨で塗りつぶしたり、切り取ったり、上から紙を貼ったりしました。国語教科書に関しては、これが墨塗り教科書と呼ばれるものです。

一方で、同じ時期に、教育における男女平等の重要性が認められ、教育制度が整えられていきました。昭和二〇（一九四五）年一二月の女子教育改革案では、女子中等学校の教科内容を男子中等学校と同様にすることや大学の共学制が提案されています。昭和二一（一九四六）年に発布された日本国憲法には、すべての国民が性別によって差別されない「法の下の平等」（第一四条）が謳われ、これを受けて、昭和二二（一九四七）年三月三一日に発布された教育基本法では、性別による差別を禁止する教育の機会均等（第三条）と男女共学（第五条）を認めることが明記されます。

このように、敗戦直後から、学校教育における男女平等の重要性が指摘され、社会では、前章で検討したように、男女平等に基づいて女ことばを批判する議論が生まれていました。国語教科書が国語の性別を教え続けることを、「男女平等の弊害」とみなす人がいてもおかしくない社会思潮が生まれていたのです。

ところが、このような思潮は、国語教科書の墨塗り過程にまったく影響を及ぼしませんでした。復刻された墨塗り教科書のどこにも、言葉の性別を教えることが問題だと考えられていたことを示す墨塗りは見つかりませんでした。

けれども、そもそも墨塗りは、教科書における軍国主義・超国家主義・神道主義に関係する教材を削除するのが目的で、男女平等や、ましてや、言葉の性別まで考慮されなかったのは仕方のないことかもしれません。すでに見たように、女ことばを問題視する思潮が現れ始めるのは、昭和二三(一九四八)年になってからでした。では、一九四八年以降に使われた教科書には、何か変化が見られるでしょうか。

「ぼく」と「わたし」の教科書

昭和二二(一九四七)年の教育基本法において教科書が国定から検定に変更され、翌一九四八年には第一回教科書検定が行われました。この検定に、昭和二五(一九五〇)年にやっと全学年合格したのが、井上赳《たけし》ほか編の『太郎花子国語の本』(日本書籍)です。『太郎花子国語の本』は、各学年用とも数回の改訂をはさんで継続して使用されました。先ほど「ゆきだるま」をご紹介した一年生用は、吉田裕久の『戦後初期国語教科書史研究』(二〇〇一年)によれば、昭和二五(一九五〇)年から三三(一九五八)年まで使われました。

本章の冒頭で見たように、『太郎花子国語の本』でも言葉の性別はそのまま教えられていました。男子は「ぼく」を女子は「わたし」を使っていますし、多くの文末詞が性別によって使い分けられています。

男子が「いじわるだ」言うと、女子は「ひどいわ」「かわいそうだわ」と「わ・だわ」を使う。男子が「さびしそうだな」と言い、女子が「かわいそうね」と言う。男子が「もみじのはだね」と言い、女子が「きれいだわね」と答える。女子は「それは　それは　いいこえでうたってよ」と、女学生ことばの「てよ」も使う。

男子が「じゃあ、はじめよう」と言うと、女子は「ええ、はじめましょう」と続ける。男子が「ぼく、たこに　なるよ」と言うと、女子は「わたし、うめの　えだに　なるわ」と言う。女子が「たろうえきなんて　おかしいわ」と言うと、男子が「おかしく　ないさ」と答え、女子が「そう。うれしいわ」と言うと、男子は「うれしいな」と繰り返しています。

教育制度における男女平等改革は、国語教科書にまったく影響を与えなかったようです。国語教科書は、男女は異なる言葉づかいをすべきだと教え続けることで、「性別のある国語」も「国語には女ことばがある」という理念も支え続けたのです。

この事実は、前章でみた女ことばをめぐる論争で、なぜ女ことば擁護派が勝ったのか、その理由のひとつを示しています。国語教科書や文法書は、学問という権威を付与されているだけでなく、膨大に生産されて学校教育の中で規範として消費されるという、圧倒的に有利な流通システムを持っています。それらの言説が、女ことば批判をまったく無視して、「性別のある国語」を教え続けたのです。わざわざ反論しなくても、いや、むしろ反論せずに無視した結果、女ことばは自然な女らしさの発露として維持されたのではないでしょうか。

国語学者と人権意識

このような対応を見ると、占領期の国語学者には民主主義や男女平等に基づいて「ことばが人権に影響を与える」という視点から日本語を見直す人が少なかったと言えるかもしれません。実際、敗戦時に言語政策に関与していた国語学者が腐心したのは、戦前から懸案となっていたかなづかいや漢字制限を制定することでした。国語審議会は敗戦翌年の昭和二一(一九四六)年に現代かなづかいと当用漢字表、二三(一九四八)年に当用漢字音訓表と当用漢字別表、二四

（一九四九）年には当用漢字字体表と立て続けに答申しました。

けれども、これらの答申は、昭和一〇（一九三五）年の国語審議会諮問事項の第二「漢字ノ調査」と第三「仮名遣ノ改定」、さらに言えば、明治三五（一九〇二）年の国語調査委員会基本方針の第一「文字ハ音韻文字ヲ採用スルコト」を具体化したものでした。

保科孝一のように長年国語審議会にかかわった国語学者の願いは、以前からの懸案だった漢字の節減とかなづかいの改定を実現することでした。これらの動きは、倉島長正が『国語一〇〇年』（二〇〇二年）で指摘しているように、「戦前に準備されていたものが下敷きになって、敗戦という大変革の波に乗って一連の国語施策が実現した」にすぎません。

当時の言語政策に関する審議は、敗戦や民主主義の導入とはまったく無関係に進行していたのです。教科書や憲法に関して民主化を唱えた占領軍が、日本語については、昭和二五（一九五〇）年九月に第二次米国教育使節団が「ローマ字化」を勧告した以外は、大した発言をしなかったことも影響したでしょう。

賢明な読者は、このような対応にも「日本語は時代のイデオロギーなどを超越して変化する伝統である」という考え方の影響を見て取られるかもしれません。

けれども、民主主義の流入が国語学者に影響を与えたことを示す資料もあります。たとえば、標準語の提唱によって否定されてきた方言概念は、戦後になると評価され始めました。今泉忠義は『国文法の研究』(一九五〇)で、「方言はわれわれ国語の母胎である。方言を軽んじるようでは国語をもっと立派ないいものにしようなどということも考えられない」と方言の尊重を訴えています。方言が再評価されたのは、方言を否定することは方言を使う人の人権を否定しかねないという意識が生まれたことを示しています。

天皇制を破壊する男女平等

それでは、なぜ、女ことばを擁護する言説が、可能になり、意味を持ち、普及したのでしょうか。その背景には、どのような社会状況があったのでしょうか。三つの要因が考えられます。ひとつは、敗戦と占領という経験は、日本人としての自信や誇りを多くの人々から失わせただろうということです。

その最も大きなターニングポイントは、天皇制が姿を変えることを余儀なくされた事実です。米国の占領下では、それまで「現人神《あらひとがみ》」とあがめられていた天皇が昭和二一(一九四六)年一月には「人間宣言」を行い、一一月に発布された日本国憲法においては「象徴天皇」と規定されました。日本人の宗祖とみなされていた天皇の神性が、他国の占領軍によって簡単に変更されてしまったのです。

二つめの要因は、多くの日本人にとって、天皇制は家父長制と分かちがたく結びついていたという事実です。そのため、米国占領軍が起草した日本国憲法のうち、日本政府内で最も大きな反発があったのは、「婚姻における夫婦の平等」を定めた第二四条でした。

先述したスーザン・ファーの論稿「女性の権利をめぐる政治」は、「日本政府は、総司令部の作成した女性の権利条項の意図を骨抜きにし、あるいは削除し、あるいは別のものにすりかえようと必死だった。彼らの最大の標的は、家族の中での女性の平等を保障した第二四条だった」と指摘しています。

第二四条を起草したベアテ・シロタも、昭和二一(一九四六)年三月四日にGHQ民生局の運営委員と日本政府の代表が行った会議で、「会議に参加した日本政府の代表者が男女平等についてずいぶん反対し」、その議論は「天皇制問題ほど激しかった」と証言しています(土井たか子、B・シロタ・ゴードン『憲法に男女平等起草秘話』一九九六年)。

その理由は、夫婦を平等にしてしまうと、家族制度と天皇制をつなぐ「神ながらの道」という日本の伝統が破壊してしまうからというものです。昭和二一(一九四六)年六月二六日の衆議院本会議で日本進歩党の原夫次郎《ふじろう》は次のように発言しています。

私が講釈するまでもなく、我が国の家族制度と天皇制とは非常に密接なる関係のある従来の旧慣制度でありまして……家族制度なるものは、これは我が国の所謂神ながらの道とも申しましょうか、これは殆ど開闢《かいびゃく》以来の一つの制度であったろうと思うのであります。即ち我が国の家族制度あって、この日本国の家族から天皇陛下の御膝元に大道が通じて居るものと我々は予《か》ねがね信じて居るのであります。

清水伸編著『逐条日本国憲法審議録　第二巻』一九六二年

このように信じている人にとっては、「家族制度（儒教的）の存続に少しでも疑いをさしはさむことは――、神への冒瀆として意識されるであろう」と民法学者の川島武宜は述べています（『日本社会の家族的構成』一九五〇年）。男女平等は、たんに男女を平等にする政策ではなく、天皇制に通じる家父長制を破壊する政策だとして警戒されたのです。

家族国家観の危機

三つめの要因は、明治以来、家父長制が天皇制に直結するという家族国家観は、国民を支配するための有効なイデオロギーだったという事実です。けれども、天皇制はかろうじて維持しましたが、家父長制は民法改正によって解体されてしまいました。日本人の誇りが決定的な打撃を受けた敗戦後に、それまで日本の秩序を維持してきた家族国家観も危うくなったのです。

このような状況で、焦土と化した国を復興しなければならない日本政府にとっては、国家的伝統によって国民を再び統合することが急務でありました。知識人の多くは占領軍がもたらした民主主義や男女平等を歓迎しましたが、日本人の誇りと復興の活力を維持するためには、日本独自の伝統を継承することが重要な課題のひとつとなりました。

そのために、多くの知識人が、天皇制や家父長制を象徴するその他の装置を残すことにエネルギーを傾けました。たとえば、家制度が解体された後も、戸主を筆頭にした家族単位の戸籍は残されました。

女ことばも、そのような装置のひとつだったのではないでしょうか。五章で指摘したように、急激な社会変化に直面した国民は、しばしば、女性性を過去の伝統につなぎとめることで、その不安を軽減しようとします。

生き延びた女ことば

敗戦後に男性知識人が、女性性を「民族の伝統」と結びつけたことは、日本文学の分野でも指摘されています。日本では、『蜻蛉日記』『和泉式部日記』『紫式部日記』『更級日記』など平安朝貴族女性の手になる仮名日記が古典とみなされています。

これらの「女流日記文学」が「古典」になった経緯を、「古典は創られる」という視点から分析した鈴木登美は、敗戦後の知識人が、「女流日記文学」に、古代から中世へと「民族の伝統」を育みつつ橋渡しの役割を与えたことを指摘しています。日本の男性知識人は、平安時代の貴族女性の手になる仮名日記を、敗戦時の逆境を乗り越える「民族の伝統」の隠喩として利用したというのです(「ジャンル・ジェンダー・文学史記述」、ハルオ・シラネほか編『創造された古典』一九九九年)。

歴史学者の宋連玉《ソンヨノク》も、『脱帝国のフェミニズムを求めて』(二〇〇九)の中で、「(性差別的な)伝統とは、往々にして異民族支配を受けた後に、誇りを傷つけられた男たちに創り出されたり、再解釈されたり、強められる」と述べています。

敗戦と占領によって「日本人として」の自信を失ってしまった日本の知識人にとって、戦中期に天皇制国家の伝統と結びついていた女ことば、さらに、家父長制の象徴とみなされていた「性別のある国語」が、日本人の誇りを回復するひとつのよりどころのように感じられたとしても不思議ではありません。

　個々の国語学者に女ことばを保存しようという明確な意図があったかは不明です。しかし、七章で見た、女ことばを自然な女らしさと結びつける言説が普及し、さらに、本章で見たように、文法書や教科書が言葉の性別を教え続けた結果、女ことばが存続したことは確かです。戦後の女ことばは、「自然な女らしさ」と結びつけられることによって自然な概念になりました。

　天皇が統治権を放棄して「象徴」として生き延びたように、女ことばも天皇制国家の伝統、大東亜の共通語の優位の象徴という政治的な意味づけを放棄することで生き延びたのです。吉田茂は、象徴天皇について、「天皇と政治のより明白な分離の結果、天皇の「内的地位」――おそらく天皇の精神的役割という意味であろう――は、「その分だけ一層拡大するであろうし、天皇の地位はいっそう重要性と微妙さを増すだろう」」と述べています（ジョン・ダワー『敗北を抱きしめて』二〇〇四年）。自然な女らしさと結びついた女ことばも、どんな社会変化も超越した日本語の伝統となったのです。

　このように見てきますと、「女ことばは自然な女らしさに基づいて日本女性が使ってきた日本語の伝統である」という理念は、米国の占領軍による民主主義の導入や女性の解放に対して、日本政府が家族国家観による国民支配を継続しようと試み、国語学者が日本語の伝統を守ろうとする過程で創造されたことが明らかになります。女ことばが天皇制と関係の薄い日本語の伝統になったのは、占領期だったのです。

その時点で、女ことばはたんなる言葉づかいではなく、日本の伝統や誇り、社会秩序を象徴するものになりました。

ここまで読んでくださったみなさんには、「日本語には女ことばがある」と言う場合の「ある」の意味が違ってきたのではないでしょうか。それは、実際に日本女性が男性と異なる言葉づかいをしているという意味の「ある」ではなく、言語イデオロギーとして言説によって歴史的に形成されてきたということです。

本書では、女ことばという理念が、西洋やアジアとのグローバルな関係や、都市と地方、中流階級と労働者階級、近代と伝統、未来と過去などのさまざまに対立する社会過程の中で、「女らしさの規範」「西洋近代との親和性」「セクシュアリティ」「天皇制国家の伝統」「家父長制の家族制度」「日本文化の優位性」「日本語の伝統」などの意味づけを与えられることで形成されてきたことを見てきました。

鎌倉時代から続く規範の言説によって女性の発言を支配する傾向が、江戸時代の女訓書に列挙された女房詞という具体的な語彙によって強化され、「つつしみ」や「品」となって現代のマナー本にも見られるような女らしさとの結びつきが強調されるようになったこと。

明治の開国後、近代国家建設の過程で必要となった国語理念を、男性国民の言葉として純化させるために、そして、女子学生を西洋近代と日本を媒介する性的他者とするためにも、「てよ・だわ」など具体的な語と結びついた女学生ことばが広く普及したこと。

戦中期には、アジアの植民地の人々に日本語を教えることで皇国臣民にする同化政策や家父長的な家族国家観に基づいて女性も戦争に動員する総動員体制を背景に、女ことばが天皇制国家の伝統とされ、家父長制の象徴である「性別のある国語」が強調されたこと。

戦後には、占領軍によって男女平等政策が推進され、天皇制や家父長制が否定される中で、女ことばを自然な女らしさの発露として再定義する言説が普及し、女ことばには、日本の伝統を象徴することが期待されるようになったこと。

その過程で、「女の言葉」は、近代国語を純化させる否定項として、帝国日本語の伝統として、そして、戦後日本の伝統として、常に「日本語」や「日本」との関係で語られ続けてきました。日本語に「女ことばがある」と信じられているのは、いつの時代にも女の言語行為について語る言説が可能になり、意味を持ち、普及するような政治経済状況があったからです。この意味で、女ことばの歴史を知ることは、女だけにかかわる事象というよりも、日本語がなぜ今ある形をしているのかを理解する上で、欠くことのできない作業だと言えるのです。

本書では、戦後の占領期までしか言及することができませんでしたが、この後も、性別役割分業に支えられた高度経済成長期から、バブル崩壊後の格差社会とグローバリゼーションが進行する現代まで、女の言葉はさまざまに語られることで維持されてきました。

現代の私たちにも、「女の子なんだから、もっと丁寧な言葉づかいをしなさい」「これが愛される話し方だ」「最近、女性の言葉づかいが乱れている」など、女の言語行為に関する言説が聞こえてきます。

女性だけではありません。「切れる男はこう話す」「頭が良い人の話し方」「間違った日本語」「正しい敬語の使い方」など、言葉に関する言説は生産され続けています。

本書を読み終わったみなさんには、これらの言説を享受するだけでなく、現代の何がこれらの言説に意味を与えているのか、立ち止まって考えていただけるのではないでしょうか。

おわりに

二〇〇七年に『「女ことば」はつくられる』(ひつじ書房)を上梓したところ、思いがけず山川菊栄賞をいただいたため、文字通り北は北海道から南は九州まで日本全国の大学、女性団体、教職員組合、官公庁から講演会に呼んでいただきました。講演会の参加者からいただいた質問で一番多かったのは、「日本語には、なぜ女ことばがあるのか」でした。そこで、日本語が今ある姿をしているのはなぜなのか、一般読者がことばについて抱く疑問を「説明する」という新しい枠組みで分かりやすく書き直したいと考えました。

その後も、講演会や学会発表ごとに、本書で提案したような新しいアプローチを理解していただけるよう新たな資料を加えていきました。その内容を、二〇一〇年に第六回国際ジェンダー言語学会の基調講演でお話ししたところ、ヨーク大学のスーザン・アーリッヒ(Suzan Ehrlich)さんから論文集への執筆を依頼され、即座に、手ごたえを感じました。本書の序章は、この基調講演を土台にしております。

その間、ジェンダーだけでなくセクシュアリティからことばを研究する必要に気づきました。本書の四章で取り上げた明治のポルノ小説は、二〇〇四年に第三回国際ジェンダー言語学会で発表した際、オックスフォード大学のデボラ・カメロン(Deborah Cameron)さんからアドバイスされて加えたものです。二〇〇九年には、デボラ・カメロン&ドン・クーリック(Don Kulick)著の『ことばとセクシュアリティ』(三元社)を邦訳する過程で、共訳者の静岡大学の熊谷滋子さん、横浜市立大学の佐藤響子さん、メルボルン大学のクレア・マリイさんから多くを学びました。セクシュアリティの視点は、本書の四章で「女学生ことば」の成立を論じる際に大いに役立ちました。

また、いくつかの学会で本書の内容を発表し、このアプローチの意義を確認しました。二〇〇七年には、スタンフォード大学のミヤコ・イノウエ(Miyako Inoue)さんのお招きで第一〇回国際語用論学会で発表し、イノウエさんの研究から歴史的言説分析の理論について多くの示唆を得ました。二〇〇八年には、カリフォルニア州立大学のシゲコ・オカモト(Shigeko Okamoto)さんとカリフォルニア大学のジャネット・シバモト(Janet S. Shibamoto Smith)さんの編集による国際ジェンダー言語学会の学会誌の特集号に執筆しました。本書の三章で取り上げている「国語の隠れた男性性」は、私が特集号に執筆した論文を下敷きにしています。

二〇〇九年には、サイモン・フレーザー大学のジー・ヤン(Jie Yang)さんとトロント大学のボニー・マクエルヒニ(Bonnie McElhinny)さんと一緒に、カナダ人類学会で発表し、私たちが言語に対して抱く「感情」を研究に取り入れる視点を学びました。この視点は、本書の第3部の「私たちは、なぜ女性の言葉の変化が気になるのか」という問いに結びつきました。

また、関東学院大学の林博史さんが企画した公開講座の内容を二〇〇九年に『連続講義 暴力とジェンダー』(白澤社)としてまとめる過程で、共著者の林博史さんや細谷実さん、西山千恵子さん、三木恵美子さんから大いに刺激を受けました。この刺激は、本書の第3部で取り上げている、戦時中に女ことばが天皇制国家の伝統に祭り上げられていく過程の分析に反映されています。

さらに、二〇一〇年に、『「女ことば」はつくられる』に大幅に加筆した内容を英語で執筆し、お茶の水女子大学に博士論文として提出した際には、審査委員の竹村和子さん、舘かおるさん、岡崎眸さん、高崎みどりさん、エドワード・シェイファー(Edward J. Schaefer)さんから貴重なご意見をいただきました。特に、竹村さんからいただいた理論面のご指摘は、本書全体を再構成する際の指針となりました。竹村さんには、ご闘病中にもかかわらず審査委員長をお引き受けくださったことを後になって知り、自責の念に堪えません。私の論文を「たいへんおもしろい」と読んでくださったことがせめてもの救いです。訃報に接し、ご冥福をお祈り申し上げます。

本書は、『「女ことば」はつくられる』以降に学んだこれらの展開を存分に取り入れ、日本語に関する疑問を「説明する」という新しい枠組みで執筆いたしました。実際にどこまで疑問に答えられたかは、読者のみなさんの判断にゆだねるしかありません。私自身は、本書を執筆する過程で、専門用語でがちがちになった頭をときほぐし、新しい気持ちで「ことば」と向き合う機会を与えられたことに感謝しております。いくつかの用語に関しては、新書という器に盛り込めるように、簡略化して説明しております。正確な記述を心掛けましたが、思わぬ勘違いやミスに気づかれた読者諸兄姉には、温かいご教示をお願いいたします。

私が言語学の学徒として歩み始めたころには、まだ「言語とジェンダー研究」という分野はありませんでした。何とかジェンダーの視点からことばを研究したいと悩んでいたときに出会ったのが、寿岳章子さんの『日本語と女』(岩波新書、一九七九年)でした。『日本語と女』は、「女だから、男だからといって共通した話し方や書き方などない」と宣言し、大切なのは男女の言葉づかいの違いを探究することではなく、女性雑誌など女性向けメディアで使われている言葉、理想の女性像を狭めている歌詞、そして、「女三人寄れば姦《かしま》しい」ということわざのように女性の発言を規制する「過去の遺物」に着目することだと指摘しています。寿岳さんは、女性が実際に使っている言葉ではなく、女と言語を取り巻く社会通念に注目したのです。何より感動したのは、「オナゴは黙っとれ」と言われていた丹波の農村の女性たちが、「かなん〔がまんできない〕ことはかなんと言おう」と立ち上がり、渋る男たちを説き伏せて、村に水道を引かせる運動を結実させていった部分でした。「オナゴは黙っとれ」という規範を破り、「かなんと言う」言語行為が、女性を水くみから解放しただけでなく、夫婦の関係や村の生活も変化させたのです。

つまり、『日本語と女』は、「規範からはみ出た言語行為が男女差別を変革していくのだ」と主張しているのです。実は、この指摘は、欧米の研究がその後ポスト構造主義や構築主義を経て二〇年以上かかって到達した知見であり、その意味でも、『日本語と女』は特筆すべき意義をもった著作だと言えます。

現在、私の手元にある『日本語と女』には、私が寿岳さんの講演会に行き、講演後の列に並んで書いていただいた次の一文が記されています。

「ことばに　女の思いをこめる　秋の思い出　一九八一年」

寿岳さんが築いた日本語とジェンダー研究の礎《いしずえ》を、膨大な研究によって広げたのが遠藤織枝さんです。その射程は、国語辞典の中の性差別的な例文や説明文、「主人」という言葉など、フェミニズムの視点で日本語の問題点を指摘する内容から、職場などで実際に男女が用いている言葉づかいの分析や中国の女性たちが使ってきた「女文字」まで多岐にわたっています。遠藤さんは、まだフェミニズムの視点から日本語を研究することに対して偏見のあった状況の中で、実証的研究を積み上げることでこの分野を牽引してきたのです。

特に本書に関して参考になったのは、一九九七年の『女のことばの文化史』(学陽書房)です。本書のような言説分析では、分析の対象となる言説を探し出すことが大きな仕事となります。私が二〇〇一年に、「女ことばを理念として研究する」という本書の構想を『ことばとジェンダー』(勁草書房)の中の一章として書いたときには、『女のことばの文化史』で取り上げられていた言説をたどることで、数多くの言説にたどりつくことができました。

私が「言語とジェンダー研究」という道なき道を歩んでこられたのは、何より、上智大学大学院でご指導を受けた池上嘉彦先生の励ましの賜物です。修士論文以降、ことばとジェンダーに関する理論を扱っている研究をさがしていた私に、池上先生が「こんな本がありますよ」と紹介してくださったのが、デボラ・カメロンの『フェミニズムと言語理論』でした。すぐその足で洋書を扱っている神保町の書店に行き、見つけたときは、「私のやりたいことをやっている人がいる」と感激し、即座に邦訳を決意しました。翻訳は一人目の子どもの妊娠・出産と重なりましたが、勁草書房の編集者だった伊藤真由美さんの励ましで完成しました。その後も、池上先生は、重要な論文や著書を教えてくださり、常に励ましてくださいました。このような恩師に出会えたことに、心から感謝しております。

最後に、私が自分の興味関心をまがりなりにも「研究」として発表することができるのは、井上輝子さん、上野千鶴子さん、江原由美子さんをはじめとして、これまで日本の女性学やフェミニズム理論の土壌を開拓してきた多くの先達の仕事があったからです。岩波書店の十時由紀子さんから本書のお話をいただいたきっかけも、二〇〇九年に井上輝子さんが編んだ『新編日本のフェミニズム』の第七巻「表現とメディア」に、『〈性〉と日本語――ことばがつくる女と男』(日本放送出版協会)から「創造する言語行為――なぜ少女は自分を「ぼく」と呼ぶのか」が抜粋収録されたからです。

「言語とジェンダー研究」というと、とかく、女性に対する差別表現を指摘する分野であるとか、女の言葉づかいだけを扱う分野であると見られることが多いようです。
しかし本書では、「女ことば」が、国語や標準語、方言、敬語、男ことばなど、日本語にかかわるさまざまな理念だけでなく、西洋やアジアとの関係における「日本」や「日本人」、そして、「日本語」の形成に重要な役割を果たしてきたことを明らかにしました。読者のみなさんには、日本語の姿を理解するには、ジェンダーの視点が欠かせないことをご理解いただけたら幸いです。

二〇一二年七月

中村桃子

図版出典一覧

34 頁　西野古海「新撰女大学」，石川松太郎編『女大学集』東洋文庫 302，平凡社，1977 年，に所収．

63 頁　「女重宝記　一之巻」，長友千代治校註『元禄若者心得集　女重宝記・男重宝記』現代教養文庫 1507，社会思想社，1993 年，に所収．

91 頁　新保磐次「日本読本初歩　第二」，海後宗臣ほか編『日本教科書大系　近代編　第 5 巻　国語第 2』，講談社，1964 年，に所収．

115 頁　「てよだわ物語」『東京パック』1906 年 1 月 1 日号．

121 頁　小杉天外『魔風恋風』連載第 5 回，読売新聞，1903 年 3 月 14 日，第 1 面．

183 頁　「兵タイゴッコ」文部省編『ヨミカタ　二』1941 年．

211 頁　「ゆきだるま」，井上赳ほか編『太郎花子国語の本　ゆうやけ　小学校 1 年用　下』日本書籍，1954 年．

中村桃子

1955年東京生まれ
1981年上智大学大学院外国語学研究科言語学専攻博士課程前期修了
専攻—言語学
現在—関東学院大学教授
著書—『婚姻改姓・夫婦同姓のおとし穴』『ことばとフェミニズム』『ことばとジェンダー』(以上，勁草書房)，『「女ことば」はつくられる』(ひつじ書房)，『〈性〉と日本語——ことばがつくる女と男』(日本放送出版協会)ほか共著多数
編著—『ジェンダーで学ぶ言語学』(世界思想社)
訳書—カメロン『フェミニズムと言語理論』(勁草書房)，カメロン&クーリック『ことばとセクシュアリティ』(共訳，三元社)

女ことばと日本語　　岩波新書(新赤版)1382

2012年8月21日　第1刷発行

著　者　中村桃子《なかむらももこ》

発行者　山口昭男

発行所　株式会社 岩波書店
〒101-8002 東京都千代田区一ツ橋 2-5-5
案内 03-5210-4000　販売部 03-5210-4111
http://www.iwanami.co.jp/

新書編集部 03-5210-4054
http://www.iwanamishinsho.com/

印刷・精興社　カバー・半七印刷　製本・中永製本

© Momoko Nakamura 2012
ISBN 978-4-00-431382-3　　Printed in Japan

岩波新書新赤版一〇〇〇点に際して

ひとつの時代が終わったと言われて久しい。だが、その先にいかなる時代を展望するのか、私たちはその輪郭すら描きえていない。二〇世紀から持ち越した課題の多くは、未だ解決の緒を見つけることのできないままであり、二一世紀が新たに招きよせた問題も少なくない。グローバル資本主義の浸透、憎悪の連鎖、暴力の応酬——世界は混沌として深い不安の只中にある。

現代社会においては変化が常態となり、速さと新しさに絶対的な価値が与えられた。消費社会の深化と情報技術の革命は、種々の境界を無くし、人々の生活やコミュニケーションの様式を根底から変容させてきた。ライフスタイルは多様化し、一面では個人の生き方をそれぞれが選びとる時代が始まっている。同時に、新たな格差が生まれ、様々な次元での亀裂や分断が深まっている。社会や歴史に対する意識が揺らぎ、普遍的な理念に対する根本的な懐疑や、現実を変えることへの無力感がひそかに根を張りつつある。そして生きることに誰もが困難を覚える時代が到来している。

しかし、日常生活のそれぞれの場で、自由と民主主義を獲得し実践することを通じて、私たち自身がそうした閉塞を乗り超え、希望の時代の幕開けを告げてゆくことは不可能ではあるまい。そのために、いま求められていること——それは、個と個の間で開かれた対話を積み重ねながら、人間らしく生きることの条件について一人ひとりが粘り強く思考することではないか。その営みの糧となるものが、教養に外ならないと私たちは考える。歴史とは何か、よく生きるとはいかなることか、世界そして人間はどこへ向かうべきなのか——こうした根源的な問いとの格闘が、文化と知の厚みを作り出し、個人と社会を支える基盤としての教養となった。まさにそのような教養への道案内こそ、岩波新書が創刊以来、追求してきたことである。

岩波新書は、日中戦争下の一九三八年一一月に赤版として創刊された。創刊の辞は、道義の精神に則らない日本の行動を憂慮し、批判的精神と良心的行動の欠如を戒めつつ、現代人の現代的教養を刊行の目的とする、と謳っている。以後、青版、黄版、新赤版と装いを改めながら、合計二五〇〇点余りを世に問うてきた。そして、いままた新赤版が一〇〇〇点を迎えたのを機に、人間の理性と良心への信頼を再確認し、それに裏打ちされた文化を培っていく決意を込めて、新しい装丁のもとに再出発したいと思う。一冊一冊から吹き出す新風が一人でも多くの読者の許に届くこと、そして希望ある時代への想像力を豊かにかき立てることを切に願う。

（二〇〇六年四月）

岩波新書より

言語

テレビの日本語　加藤昌男
日本語雑記帳　田中章夫
英語で話すヒント　小松達也
仏教漢語50話　興膳宏
漢語日暦　興膳宏
語感トレーニング　中村明
曲り角の日本語　水谷静夫
日本語の古典　山口仲美
日本語の歴史　山口仲美
日本語と時間　藤井貞和
ことばと思考　今井むつみ
漢文と東アジア　金文京
外国語学習の科学　白井恭弘
日本語の源流を求めて　大野晋
日本語の教室　大野晋
日本語練習帳　大野晋
日本語の起源〔新版〕　大野晋
日本語の文法を考える　大野晋

エスペラント　田中克彦
名前と人間　田中克彦
言語学とは何か　田中克彦
ことばと国家　田中克彦
英文の読み方　行方昭夫
漢字伝来　大島正二
ことば遊びの楽しみ　阿刀田高
日本の漢字　笹原宏之
日本の英語教育　山田雄一郎
ことばの由来　堀井令以知
コミュニケーション力　齋藤孝
聖書でわかる英語表現　石黒マリーローズ
横書き登場　屋名池誠
漢字と中国人　大島正二
言語の興亡　R・M・W・ディクソン　大角翠訳
中国現代ことば事情　丹藤佳紀
ことば散策　山田俊雄
ことばの履歴　山田俊雄
日本人はなぜ英語ができないか　鈴木孝夫

教養としての言語学　鈴木孝夫
日本語と外国語　鈴木孝夫
ことばと文化　鈴木孝夫
心にとどく英語　マーク・ピーターセン
日本人の英語 正・続　マーク・ピーターセン
翻訳と日本の近代　丸山真男　加藤周一
日本語ウォッチング　井上史雄
仕事文の書き方　高橋昭男
日本語はおもしろい　柴田武
日本の方言　柴田武
日本語〔新版〕上・下　金田一春彦
外国語上達法　千野栄一
外国人とのコミュニケーション　J・V・ネウストプニー
翻訳語成立事情　柳父章
日本語と女　寿岳章子
漢字　白川静
四字熟語ひとくち話　岩波書店辞典編集部編
ことわざの知恵　岩波書店辞典編集部編

(2012.7)　(K)

岩波新書/最新刊から

1372 マルティン・ルター ―ことばに生きた改革者― 徳善義和 著
聖書を読んで読みぬく。ひとりの修道士の飽くなき探究心が、キリスト教の世界を変えた。聖書のことばを見つめつづけた改革者の生涯。

1373 心の病 回復への道 野中猛 著
どのような対処が適切で、回復には何が必要なのか？ 身近な具体例と共に、精神医学の最新知見や、日本・世界の新たな潮流を紹介。

1374 地下水は語る ―見えない資源の危機― 守田優 著
世界と日本の地下水に危機が迫っている。さまざまな障害の仕組みを解説し、これからの地下水とのつき合い方を考える。

1375 大災害と法 津久井進 著
地震、津波、噴火、台風、豪雨……。相次ぐ大規模災害を前に、法は何をなし得るのか。災害に関する法制度を分かりやすく解説する。

1376 コロニアリズムと文化財 ―近代日本と朝鮮から考える― 荒井信一 著
略奪か、合法的取得か――。国家間、民族間問題のネックといえる文化財の所属を、世界の最新の動きも紹介しつつ考える。

1377 非アメリカを生きる ―〈複数文化〉の国で― 室謙二 著
最後のインディアン「イシ」やマイルス・デイヴィスらのポートレートを通じて、自らが連なる「非アメリカ」的文化の系譜をさぐる。

1378 テレビの日本語 加藤昌男 著
テレビが流し続けた「ことば」が日本語をやせ細らせてしまったのではないか。ニュースのことばを中心にテレビの日本語を検証する。

1379 四季の地球科学 ―日本列島の時空を歩く― 尾池和夫 著
地震と噴火は日本列島を生み出し、今も刻々とその相貌を変えている。日本列島が育った数億年の時空を歩き、自然の恵みを愉しむ。

(2012.8)